11
Berliner Friedhöfe, die man gesehen haben muss, bevor man stirbt

Jörg Sundermeier

11 BERLINER FRIEDHÖFE, DIE MAN GESEHEN HABEN MUSS, BEVOR MAN STIRBT

Mit Fotografien von Kristine Listau

berlin edition im
be.bra verlag

Bibliografische Information der Deutschen Nationalbibliothek
Die Deutsche Nationalbibliothek verzeichnet diese Publikation in der Deutschen Nationalbibliografie; detaillierte bibliografische Daten sind im Internet über http://dnb.d-nb.de abrufbar.

KulturBrauerei Haus 2
Schönhauser Allee 37, 10435 Berlin
post@bebraverlag.de
Lektorat: Robert Zagolla, Berlin
Umschlag: Manja Hellpap, Berlin
Satzbild: Friedrich, Berlin
Schrift: Dante MT 10/13 pt
Druck und Bindung: GGP Media GmbH, Pößneck

ISBN 978-3-8148-0224-4

www.bebraverlag.de

Inhalt

Tote besuchen

Friedhöfe sind eigentlich nicht mein Lieblingsthema. Selbstverständlich, man kann ihnen nicht entgehen. Man bringt seine Verwandten, seine Freundinnen und Freunde dorthin, man begleitet sie auf ihrem »letzten Gang«, den sie nicht mehr selbst gehen können. Man besucht die Toten dort, man freut sich, eine Stelle zu haben, an der man trauern kann, an der man seinen Schmerz ausdrücken kann, an der man mit den geliebten Verstorbenen reden kann. Nicht umsonst sind an vielen Gräbern steinerne Bänke aufgestellt, auf manchen Grabfeldern stehen sogar gestapelte Plastikstühle bereit. Man kann, man darf sich Zeit für seine Trauer nehmen. Und man übernimmt zuweilen die Grabpflege, ebenfalls ein guter Grund, eine Begräbnisstätte aufzusuchen.

Auch gehen viele auf Friedhöfe, obschon sie gar nicht trauern, sondern sich entspannen wollen – abseits der großen Parks, in denen man von Skateboardern überfahren wird und von Musikanten nicht immer angenehm überrascht. Demgegenüber bieten Gräberanlagen heute einen Ruheraum, in dem jedermann ganz rasch aus dem Lärm der Stadt verschwinden kann.

Aber sie sind eben auch Orte des Unwohlseins. Eine Freundin wohnte mal neben einem Friedhof, im Norden Berlins. Das Haus, in dem sie lebte, grenzte direkt an eine Friedhofsmauer. Die Straße war eine Sackgasse, sie endete vorm Friedhofseingang. Ich übernachtete dort zum ersten Mal. Aus dem Fenster, unter dem ich schlief, blickte ich genau auf das Tor des Gräbergeländes. Wir kannten uns noch nicht sehr lange, ich konnte also nicht vorgewarnt sein.

Ich schreckte aus dem Schlaf auf, als ich jemanden schreien hörte. Ich sah aus dem Fenster: Eine Frauengestalt mit weißem offenen Haar und in weißem wehenden Hemd schien über die Straße hinweg zu schweben, sie schrie mit schriller Stimme, Worte artikulierte sie nicht, sie schrie nur. Nun schrie ich auch. Dann schrie jemand drittes, eine Nachbarin, sie brüllte aus ihrem Fenster: »Nu reißen'se sich mal zusammen. Sie erschrecken ja die Leute!« Die Gestalt hielt kurz inne, dann schwebte und schrie sie weiter.

Die Intervention der Nachbarin kam zu spät für mich. Ich spürte noch über Stunden das, was in Gruselgeschichten stets »gefrorenes Blut in den Adern« genannt wird. Meine Freundin lachte mich am nächsten Morgen aus. Das »Gespenst« war eine alkoholkranke Frau, die in einem der angrenzenden Häuser lebte und öfter mal die Kontrolle verlor. Die Nachbarn kannten sie. Ich aber träumte noch viele Tage in Horrorfilmbildern.

Friedhöfe sind negativ konnotierte Orte, sie sind kulturell stark besetzt. Fast alle Kulturen meiden sie eher, dem Aberglauben geben sie allerorten Futter. Auf Begräbnisstätten treiben Geister ihr Unwesen, unerlöste Seelen und allzu weise Frauen, Verstoßene und Ermordete, Selbstmörder und Mörderinnen. Und selbstverständlich tummeln sich dort jene, die halbtot sind, Zombies, die sich von den Hirnen der frisch Verstorbenen ernähren, Vampire, die in ihren Särgen in ihren Gruften auf die Abenddämmerung warten. Und Grabräuber, die versuchen, aus Leichenteilen Homunculi zum Leben zu erwecken, darin ganz Nachfahren des Dr. Frankenstein. Und dann gibt es noch die Helfershelfer, debile, aber brutale Menschen, die dunklen Mächten verfallen sind. Oder es treiben mächtige Satanisten ihr Unwesen, die ihrem teuflischen Herrn Opfergaben bringen wollen. Nein, auf Friedhöfen ist man nicht gern. Zumindest nicht nach dem Einsetzen der Dämmerung.

Sitzen vor dem Grab

Doch zugleich sind diese stillen Grünflächen eben auch Orte der Ruhe. Nicht umsonst werden viele entwidmete Gräberanlagen in Parks umgewandelt – und sind dann nicht mehr Kirchengemeinden oder säkularen Institutionen unterstellt, die sich um Bestattungen kümmern, Stiftungen etwa, sondern schlicht dem Grünflächenamt, das sich auch, mal mehr, mal weniger, um die noch erhaltenen Gräber kümmert. Eine derartige Umwidmung hat durchaus Vorteile: Dort, wo nicht mehr bestattet wird, gibt es keinen zwingenden Grund, die teils sehr alten Gräber zu beseitigen. Viele Grabstellen, die andernorts bereits abgeräumt und umgepflügt worden wären, bleiben in solchen Parks erhalten. Und da die Pietät selbst für jene Orte gilt, an denen nicht mehr getrauert wird, bleibt es auf den Wegen zwischen den Grabfeldern zumeist auch sehr ruhig. Selbst die vielen Freilufttrinker, die man in Berlin an jeder Ecke findet, an der eine Sitzgelegenheit geboten wird, meiden diese Grünflächen mit ihrem speziellen Vorleben und krakeelen lieber woanders herum.

Auf Friedhöfen ballen sich aber auch Geschichten und Geschichte – auf den über zweihundert Anlagen und Grabstellen Berlins ist dementsprechend eine Unmenge von Stadthistorie gebannt, viel mehr, als ein Buch fassen könnte. Und da es hier um eine Hauptstadt geht, zunächst die Preußens und dann, mit Unterbrechung, die Deutschlands, ist in den folgenden Kapiteln zudem die deutsche Geschichte sehr präsent. Dies auch, da in Berlin Leute bestattet wurden, die zu ihren Lebzeiten keinen regionalen Bezug zur Stadt hatten, weder hier geboren, noch hier gestorben sind. Sie sind gleichsam Hauptstadttote. Erst die Bedeutung der Stadt im Land und die Bedeutung der Verstorbenen für das Land veranlasste die Verwandten oder den Staat dazu, diese Toten an dieser Stelle beisetzen zu lassen.

Das alles interessiert den begeisterten Stadtgeschichtler sehr, und je tiefer ich mich einarbeitete in die Materie, desto mehr sah ich, was Friedhöfe in den vergangenen Jahrhunderten auch geworden waren – Orte für Nationaldenkmale. Und Orte für Privatdenkmale. Waren die Verstorbenen seit der Christianisierung viele Jahrhunderte lang immer in der und um die Kirche in die Erde gelegt worden, um den Gemeindezusammenhalt über den Tod hinaus zu wahren, änderte sich mit dem Sieg der Aufklärung das Bild. Nun konnte man Leichen zugleich als tote, seelenlose Gegenstände betrachten, sie wurden zu Verwaltungsgegenständen, zu Anlässen für Ordnungsarbeiten und Gartengestaltung.

Die Grabstellen wurden nach draußen verlegt, vor die Stadt, weit weg von der Gemeinde – so dass man anhand der Lage der Berliner Friedhöfe teilweise auch die mehrmals schnell hintereinander vollzogene Verschiebung der Stadtgrenzen nachvollziehen kann. Und erst die Möglichkeit der Feuerbestattung und

Demonstrierter Reichtum

der geringe Platzbedarf der Urnengräber ermöglicht es seit rund hundert Jahren, wieder mitten in der Stadt zu beerdigen – einige Friedhöfe wurden daher sogar wiedereröffnet.

Auch eine andere Stadtmauer, die innerdeutsche Grenze, die Großberlin im 20. Jahrhundert in zwei Teile schnitt, hat ihre spezielle Friedhofsgeschichte geschrieben. Einige Grabplätze hat sie rücksichtslos zerteilt, andere dauerhaft von ihren Gemeinden getrennt.

Tote sind auch heute wieder Prestigeobjekte – auf den Friedhöfen ist versammelt, was Rang und Namen hatte. Stolz wird gekennzeichnet, wer sich um die Belange der Stadt verdient gemacht hat, manch eine und manch einer bekommt sogar ein Ehrengrab. Heute würde sicher keine Künstlerin, die so bekannt und beliebt war wie Friedrich Schiller, in einem anonymen Grab

Angezeigte Gefahr

beigesetzt werden (außer, sie hätte es testamentarisch so verfügt). Der berühmte Klassiker, der 1805 starb, wurde aufgrund von Geldmangel in einem sogenannten Kassagewölbe in Weimar beerdigt, zwar ein Ort für verdiente Bürger der Stadt, aber dennoch ein Massengrab. Erst 1826 besann man sich und exhumierte Schiller – oder das, was man dafür hielt. Neuere Knochenproben belegen, dass die beiden (!) Schädel, die man Schillers Skelett im Verlauf der Jahrzehnte zugeordnet hatte, nicht zu diesem gehören. Zudem konnte durch DNA-Analysen bewiesen werden, dass auch das restliche Skelett mindestens zu drei Personen gehörte. Nun hat Schiller zwar einen Sarg in der Weimarer Fürstengruft (wohin er nach der vermeintlichen Exhumierung verbracht wurde), dieser ist jedoch leer. Einer verdienten Mitbürgerin wird heutzutage ein solches Schicksal zweifellos erspart bleiben.

Ich habe für dieses Buch elf Berliner Friedhöfe ausgewählt, von denen ich glaube, dass sich ein Besuch dringend anempfiehlt. Die Auswahl fiel mir nicht leicht, doch in der Beschränkung liegt ja auch eine Kraft – ich musste mich auf solche Orte konzentrieren, von denen ich glaube, sie stehen jeweils auch für eine Besonderheit in der Begräbnisgeschichte. Aber es sollte nicht nur diese eine Besonderheit hervorgehoben werden.

In den folgenden Kapiteln werde ich die Historie der Grabgelände nachzeichnen, aber auch versuchen, die Biographien von prominenten und weniger prominenten Menschen zu beleuchten. Da das Buch kein Friedhofsführer ist, werde ich zweifellos einen beliebten Tenor übersehen oder eine verdiente Ärztin nicht nennen, man sehe es mir bitte nach. Mir ging es darum, mit den Friedhofs- und Lebensgeschichten jene Atmosphäre einzufangen, die an dem jeweiligen Ort vorherrscht.

Tote sind auch heute wieder Prestigeobjekte.

Einiges zum Allgemeinen des Friedhofswesen oder des Gedenkens wird oft schon in einem der ersten Kapitel gesagt, daher wird es bei den anderen Friedhöfen nicht wiederholt. Dementsprechend kürzer fallen die hinteren Kapitel aus. Es ist daher angeraten, dass man das Buch von vorn liest, denn in jeder Geschichte eines Begräbnisplatzes steckt auch bereits ein bisschen von den Geschichten, die später relevant werden. Derartige Quervereise und Vorankündigungen möge man mir nicht übelnehmen, die Friedhöfe einer Stadt sind Teil einer komplexen urbanen Struktur und befinden sich im gleichen Kontext, insofern kann ihre Geschichte nie für sich allein erzählt werden.

Hier werden manchmal mehrere selbstständige Friedhöfe einfach zusammengefasst, wenn sie direkt nebeneinander liegen. Viele davon sind auch früher schon als Einheit begriffen worden oder werden sogar auf Erläuterungstafeln am Friedhofseingang als solche gesehen. Das ist dennoch ein bisschen verfälschend, werden Puristen einwenden, und zweifelsohne könnte der eine Friedhof auch ohne den anderen für sich stehen. Doch den meisten Besucherinnen und Besuchern wird der Unterschied kaum bewusst sein, die Zäune und Mauern zwischen den Gräberfeldern sind oft eingerissen oder abgebaut, ein Laie wird zumeist kaum sagen können, ob er sich noch auf diesem oder schon auf jenem Friedhof befindet. Außerdem erlaubt es dieser Kunstgriff dem Verfasser, ein paar mehr als nur die titelgebenden elf Friedhöfe ausführlicher beschreiben zu können – und die Versuchung war zu groß, als dass ich ihr nicht hätte nachgeben wollen.

Bei der Auswahl der Friedhöfe ging es mir auch darum, an dem jeweiligen Ort etwas zu veranschaulichen, was viele andere Begräbnisstätten ebenso betrifft. Auf dem so genannten Dorotheenstädtischen Friedhof kann man beobachten, wie Prominenz inszeniert wird. Auf dem Invalidenfriedhof ist es die sich aufdrängende deutsche Geschichte, ohne die die Anlage nicht zu verstehen ist. Die Friedhöfe vor dem Halleschen Tor laden dazu ein, Grabrituale zu beleuchten, die Friedhöfe an der Bergmannstraße verraten viel über das aufstrebende Bürgertum. Diese Gräberstätten sind allesamt christlich geprägt, muslimische, jüdische oder atheistische Friedhöfe oder Grabfelder sind dann noch einmal ein ganz eigenes Thema, auch sie sagen viel über die Entwicklung einer Stadt aus. So erzählen die in diesem Buch versammelten elf Friedhöfe sehr viel von dem, was man über die Friedhofskultur und Stadtgeschichte Berlins wissen sollte.

Wissen lässt sich selbstredend nicht allein aus eigener Anschauung schöpfen, wer Fragen hat braucht Hilfe. Viele Informationen verdanke ich daher Büchern, Broschüren und Websites, einige werden zitiert, andere leider nur mitgedacht. Ich danke an dieser Stelle daher einfach ganz pauschal, aber sehr ausdrücklich all jenen, die sich intensiv mit den Berliner Grablegen und ihrer Geschichte auseinandergesetzt haben. Ohne ihre Mühen wäre vieles für mich nicht herauszufinden gewesen.

Die Fotografien in diesem Buch stammen von Kristine Listau, meiner Ehefrau. Mit ihr war ich wochenlang auf den meisten Friedhöfen unterwegs, ihr verdanke ich viele wertvolle Tipps und Beobachtungen – und ohne ihr Interesse und ihre Geduld hätte ich das Buch gar nicht schreiben können. Ich danke ihr dafür sehr.

Und nun soll es losgehen mit jenen elf Gräberanlagen, von denen ich glaube, dass man sie gesehen haben muss, bevor man stirbt. Denn sie alle erzählen so viel über Berlin und seine Historie, wie es wohl wenig andere Orte in dieser Stadt tun können.

Luther vor Mausoleum

1

Dorotheenstädtischer Friedhof

Wo Prominenz ruht

Wie eingangs gesagt, fasse ich in diesem Buch gelegentlich zwei oder drei Friedhöfe zusammen, wenn sie eng beieinander liegen, ob es zu den Eintragungen in den amtlichen Verzeichnissen nun passt oder nicht. Was im Folgenden als »Dorotheenstädtischer Friedhof« bezeichnet wird, ist zum einen der Französische Friedhof und zum anderen der Friedhof der Dorotheenstädtischen und Friedrichswerderschen Gemeinden. Beide liegen direkt nebeneinander an der Chausseestraße im Bezirk Mitte.

Die Zusammenfassung hat guten Grund. Schon Wolf Biermann, der damals »gleich hier ums Eck« wohnte, sang in seinem Lied »Der Hugenottenfriedhof« von 1969:

Da liegt allerhand große Leute
Und liegen auch viel kleine Leut.
Da stehn riesengroße Platanen,
Daß es die Augen freut.
Wir gehn auch mal rüber zu Hegel
Und besuchen dann dicht dabei
Hanns Eisler, Wolf Langhoff. John Heartfield
Wohnt gleich in der Nachbarreih'.

Offenkundig hatte Biermann beide Friedhofsgelände, obschon durch Mauern deutlich voneinander geschieden, für ein einziges großes Ensemble gehalten. Denn der im Song beschriebene Friedhof ist nicht der im Titel benannte. Wobei man wissen muss, dass »Hugenottenfriedhof« eine andere Bezeichnung für den Französischen Friedhof ist.

Wie Biermann es tat, tun es viele. Immer, wenn ich den Französischen Friedhof besuche, sehe ich Touristen umherirren, die mit dem Reiseführer in der Hand die Ruhestätten von Bertolt Brecht und Christa Wolf suchen, und die den Eingang zum Nachbargrabfeld nicht finden können. Ich habe mir angewöhnt, ihnen zu helfen, obschon es ja eigentlich Berliner Art ist, möglichst wegzusehen, wenn jemand eine Auskunft braucht. Umso erstaunter bin ich dann und wann, wenn die vermeintlich Verirrten mir etwas genervt versichern, dass sie genau wissen, wo sie sind, und nur eine ganz bestimmte Grabstelle suchen. Zumeist aber ist man mir dankbar – man hatte ja schon seit Ewigkeiten das Grab von Ruth Berghaus gesucht.

Das In- und Nebeneinander der beiden Totengedenkorte ist für die meisten verwirrend. Der Zugang zur – von der Chausseestraße aus – hinteren der beiden Anlagen ist ungewöhnlich schmal und länglich und sieht zwischen der Abgrenzungsmauer des Französischen Friedhofs und dem Brecht-Haus beinahe wie ein Hoftor aus oder wie eine nur etwas aufgehübschte Zufahrt für Wirtschaftsfahrzeuge. Daher betreten die meisten zunächst den als solchen besser erkennbaren Französischen Friedhof und finden nun aus diesem nicht mehr hinaus zum anderen, dahinter gelegenen.

Die Geschichte der beiden so oft zusammengedachten Anlagen verlief zunächst sehr unterschiedlich. Der Französische Friedhof ist – genau genommen – der I. Französische Friedhof.

Sein Gegenstück, der II. Französische Friedhof, liegt seit 1835 knapp zwei Kilometer entfernt an der Liesenstraße, auf der Grenze zwischen Mitte und Wedding. Von 1949 bis 1989 war dies zugleich die deutsch-deutsche Grenze. Unter anderem sind dort die Gebeine Theodor Fontanes, des Dichters Peter Hacks oder des Fotografen Will McBride in die Erde gebettet worden, dennoch ist der zweite Friedhof der Französisch-Reformierten Gemeinde nicht als Prominentenfriedhof bekannt. Was wohl nicht zuletzt daran liegt, dass man ihn über mehrere Jahrzehnte nur als Besitzer eines Passierscheins betreten durfte.

Auch dem ersten Hugenottenfriedhof an der Chausseestraße hätte eine solche Bekanntheit durchaus zugestanden. Bekannte Figuren der Stadtgeschichte ruhen hier, ebenso Schauspiellegenden und begnadete Journalisten. Doch der benachbarte Friedhof der Dorotheenstädtischen und Friedrichswerderschen Gemeinden stahl schon früh allen Ruhm.

Der Französische Friedhof wurde 1780 auf einem Areal von knapp siebentausend Quadratmetern eröffnet. Er diente als Begräbnisstätte für die Nachkommen der Hugenotten, protestantischen Glaubensflüchtlingen, die vor katholischen Repressionen aus Frankreich geflohen waren und in Preußen Schutz fanden.

Obschon sie um das Jahr 1700 herum fast ein Fünftel der Bevölkerung Berlins stellten, wurden sie von den restlichen vier Fünfteln angefeindet. Ihrer anderen Sitten und Gebräuche, auch ihrer anderen Sprache wegen galten sie als höchst suspekt. Man fürchtete, dass sie den Alteingesessenen die Arbeitsplätze wegnehmen würden und verwehrte ihnen daher den Zugang zu ständischen Organisationen. Damals war die Flüchtlingsfeindlichkeit also genauso stark ausgeprägt wie heute. Dabei waren die ersten Siedler, die die Örtchen Berlin und Cölln errichteten, aus denen später Berlin werden sollte, ja selbst Migranten aus dem Rheinland.

Damals war die Flüchtlingsfeindlichkeit genauso stark ausgeprägt wie heute.

Die Hohenzollern allerdings stellten sich hinter die Flüchtlinge, denn sie sahen in ihnen aufgrund der Sprache – man sprach damals am Hof nur Französisch, Deutsch galt als zu primitiv –

sogar zuweilen edle oder wenigstens edlere Leute, obgleich viele Geflohene aus niedrigen Schichten kamen. Folglich protegierte die Regierung die Ankömmlinge. Im Gegenzug entwickelten die ehemaligen Franzosen ihrem neuen Heimatland gegenüber eine Art Vasallentreue, sie bewiesen tausendfach ihre Liebe in Regierungsämtern und im Militär. Noch Reichskanzler Otto von Bismarck sah in den Nachfahren der Glaubensflüchtlinge »die besten Deutschen«.

Die hintere Anlage, der Friedhof der Dorotheenstädtischen und Friedrichswerderschen Gemeinden, gehörte zunächst zur heute nicht mehr erhaltenen Dorotheenstädtischen Kirche und wurde um 1770 eröffnet, als die Innenstadt den Toten keinen Platz mehr bot. Wie die Nachbaranlage lag der Friedhof außerhalb der damaligen Stadtmauern. Er diente als Grabstätte für die Bevölkerung jenes Areals, das zeitweise selbst eine souveräne, erst Neustadt, später Dorotheenstadt genannte Siedlung vor den Toren der Doppelstadt Berlin und Cölln bildete.

Dass dieses Gelände zur wohl beliebtesten Ruhestätte von Prominenten avancieren sollte, war bei der Eröffnung nicht abzusehen. Im Gegenteil. Zunächst wurden die berühmten oder reichen Bürger aus der Dorotheenstadt weiterhin in oder bei der Kirche beigesetzt, lediglich die Armen und Unbekannten wurden vor der Stadt in die Erde gebettet. Doch reichte bald in der ganzen Stadt der Platz in den Kirchen nicht mehr, die sie umgebenden Gottesäcker, wenn es denn überhaupt welche gegeben hatte, waren zudem ebenfalls viel zu klein geworden, auch wollte man die Totenfelder generell aus der Stadt verbannt wissen, um möglichst viel Platz bebauen zu könnten.

Die Gemeinde hatte plötzlich eine große Promi-Dichte.

In der Dorotheenstadt entstanden zeitgleich viele neue Institutionen, so die Universität, ebenso die Akademie der Künste, die Singakademie oder die Akademie der Wissenschaften. Dementsprechend lebten immer mehr Mitglieder und Leiter dieser Institutionen in deren Nähe. Die Gemeinde hatte plötzlich, wie Boulevardmagazine von heute formulieren würden, eine große Promi-Dichte – und das spiegelte sich selbstverständlich auch auf dem Gemeindegrabfeld wider.

Auch die Friedrichswerdersche Gemeinde, deren von Karl Friedrich Schinkel entworfenen Kirche schräg gegenüber dem heutigen Außenministerium zwar noch erhalten, seit über dreißig Jahren allerdings nur als Museum genutzt worden und heutzutage geschlossen ist, brachte von Beginn an ihre bekanntesten Mitbürgerinnen und Mitbürger auf der Anlage unter. Denn auf diesem Areal in der heutigen Stadtmitte wohnten gleichfalls zunehmend Gelehrte und Beamte, die sich um das Ansehen Preußens oder aber um den Ruhm der Hohenzollernherrscher verdient gemacht hatten.

Zunächst wuchs der Dorotheenstädtische Friedhof beständig. Der Platz reichte allerdings nicht lange aus. Beide Gemeinden erwarben neue Gelände, die Dorotheenstädtische an der oben schon erwähnten Liesenstraße, die Friedrichswerdersche in Kreuzberg an der Bergmannstraße. Und bald danach schien es, als ob die Doppelanlage – oder, wenn man so will, Dreifachanlage – ihre Zeit hinter sich hätte. Der alte Dorotheenstädtische Friedhof wurde um 1870 wegen Überbelegung geschlossen. Den Beerdigungsbetrieb auf dem Französischen Friedhof hatte man bereits früher weitgehend eingestellt.

Als dann 1889 die angrenzende Hannoversche Straße verbreitet werden sollte, wurden Teile des westlichen Teils des Dorotheenstädtischen Friedhofs veräußert, die Gräber der berühmten Gelehrten Clemens August Carl Klenze, Johann Gottlieb Fichte und Georg Wilhelm Friedrich Hegel mussten daher verlegt werden.

Durch das Aufkommen der Urnengräber in den 1920er Jahren war das Platzproblem jedoch plötzlich gelöst und die Beerdigungstätigkeit konnte wieder aufgenommen werden. Nach dem Zweiten Weltkrieg erwägte der Magistrat von Ost-Berlin zwar kurzzeitig, die Anlagen in einen Park umzuwidmen, es kam jedoch ganz anders. In der DDR verwandelte sich der Friedhof in einen wirklichen Prominentenfriedhof. Hier wurden kaum hauptberuflich in der Politik tätige Menschen beigesetzt – eine Ausnahme bildete Johannes Dieckmann, der 1918 Vorsitzender eines Soldatenrates war, danach enger Mitarbeiter des Außenministers Gustav Stresemann, schließlich stellvertretender Vorsitzender der ostdeutschen so genannten Blockpartei LDPD, Präsident der Volkskammer und stellvertretender Vorsitzender des Staatsrates der DDR.

Vielmehr wurden an dieser Stelle nun verdiente Künstlerinnen und Künstler des sozialistischen Staates bestattet, viele von ihnen Mitglieder der Akademie der Künste. Erst diese – Heinrich Mann, Bertolt Brecht und Anna Seghers sind vermutlich die bekanntesten – gaben dem Friedhof seinen besonderen Ruf. Ihre sterblichen Überreste lagen nun unweit der oben genannten Gelehrten und machen den Friedhof bis heute so besonders.

Die Liste der auf dem Dorotheenstädtischen Friedhof beigesetzten Prominenten ist lang, hier seien nur einige von ihnen genannt, deren Namen mir etwas sagen und auf die später nicht weiter eingegangen wird: Der Lyriker Erich Arendt (1903–1984), die Politiker Egon Bahr (1922–2015), der Politautor Rudolf Bahro (1935–1997), der Dichter und Funktionär Johannes R. Becher (1891–1958), die Fotografin Sibylle Bergemann (1941–2010), die Regisseurin Ruth Berghaus (1927–1996), die Regisseure Benno Besson (1922–2006) und Frank Beyer (1932–2006), der Politiker Lothar Bisky (1941–2013), die Bürgerrechtlerin Bärbel Bohley (1945–2010), der Unternehmer August Borsig (1804–1854), der

Teures Erbbegräbnis

Autor Thomas Brasch (1945–2001), der politisch zwischen links und rechts pendelnde Dramatiker Arnolt Bronnen (1895–1959), der Komponist Paul Dessau (1894–1979), der Filmer Slatan Dudow (1903–1963), der Tonkünstler Hanns Eisler (1898–1962), die Schauspielerin Gertrud Eysoldt (1870–1955), der Satiriker Peter Ensikat (1941–2013), der Filmemacher Harun Farocki (1944–2014), der Journalist Günter Gaus (1929–2004), der als erster Leiter der Ständigen Vertretung der Bundesrepublik Deutschland bei der DDR ganz in der Nähe des Friedhofs Entspannungspolitik betrieb, der noch hochbetagt im Berliner Ensemble wirkende Arbeiterschauspieler Erwin Geschonneck (1906–2008), der Regisseur Dimiter Gotscheff (1943–2013), die Schriftstellerin und Brecht-Erbe-Pflegerin Elisabeth Hauptmann (1897–1973), der Grafiker John Heartfield (1891–1968), der Literaturwissenschaftler Werner Hecht (1926–2017), der bürgerliche DDR-Schriftsteller Stephan Hermlin (1915–1997), der Maler und Autor Wolfgang Herrndorf (1965–2013), der legendäre Verleger und Autor Wieland Herzfelde (1896–1988), der Schriftsteller Wolfgang Hilbig (1941–2007), die Tänzerin Lin Jaldati (1912–1988), die Schauspielerin Inge Keller (1923–2017), die Regisseurin Isot Kilian (1924–1986), der Lyriker und Übersetzer Rainer Kirsch (1934–2015), der Medienhistoriker Friedrich Kittler (1943–2011), der Chemiker Martin Heinrich Klaproth (1743–1817), der Romanist Werner Krauss (1900–1976), der Wirtschaftswissenschaftler Jürgen Kuczynski (1904–1997) und seine Frau, die Wirtschaftswissenschaftlerin Marguerite Kuczynski (1904–1998) , die Regisseure Wolfgang (1901–1966) und Thomas Langhoff (1938–2012), der Werber Ernst Litfaß (1816–1871), der Regisseur Kurt Maetzig (1911–2012), die Diseuse Gisela May (1924–2016), der Literaturwissenschaftler Hans Mayer (1907–2001), der Fotograf Roger Melis (1940–2009), der Dichter Karl Mickel (1935–2000), die Schauspieler Bernhard (1905–1998) und Hans-Peter Minetti (1926–2006), der Intendant Ivan Nagel (1931–2012), der Theaterregisseur Peter Palitzsch (1918–2004), der Theaterwissenschaftler Henning Rischbieter (1927–2013) der Schauspieler Otto Sander (1941–2013), die Schriftstellerin Anna Seghers (1900–1983), der Architekt Max Spitta (1842–1902), der Schauspieler Ekkehard Schall (1930–2005), der Bildhauer Hermann Schievelbein (1817–1867), der Dramatiker und Regisseur George Tabori (1914–2007), der Schauspieler Hilmar Thate (1931–2016), der Schriftsteller Bodo Uhse (1904–1963) und der Autor Arnold Zweig (1887–1968).

Eine unvergleichlich lange Liste von versammelter toter Prominenz.

Eine unvergleichlich lange Liste von versammelter toter Prominenz, sie ist wohl in ganz Deutschland einmalig. Und Prominenz ist hier selbstverständlich etwas anderes, als die Aufmerksamkeit, die sich männliche oder weibliche Fernsehsternchen durch Nacktheit oder Pöbeleien erworben haben. Die hier genannten glänzten durch ihre Werke, durch ihre Taten für die Gesellschaft oder auf dem Gebiet der Kunst.

Als ein Beispiel hierfür soll der Maler Johannes Grützke herhalten, der im Jahr 2017 im Alter von 79 Jahren gestorben ist. Ich kannte ihn ein wenig, er hatte zwei Umschläge für meinen Verlag gestaltet, daher durfte ich öfter mal in sein Atelier. Das war ein Zauberraum – die Wände voller Farbflecken, überall standen Utensilien für Stillleben herum, auf den Leinwänden sah man Selbstporträts des von seiner Krankheit gezeichneten Malers, bis zuletzt ein genauer Student seiner selbst. Und inmitten all dieser Dinge der Meister selbst, wie immer heiter, stets leicht ironisch und zugleich sehr ernsthaft. Er servierte Wein oder seinen im großen Kochtopf gekochten, außerordentlich starken Kaffee, mit dem man ganze Armeen von Schlafkranken hätte wecken können.

Grützke hatte mit Malerkollegen in den 1960er Jahren die Schule der Neuen Prächtigkeit begründet, eine Gruppe, die lachenden Auges den Realismus gegen die Abstraktion verteidigte. Auch betätigte er sich bei den Erlebnisgeigern, einem Trio, das irgendwo zwischen Lärm und Freejazz sehr lustig vor sich hin musizierte. Sein letztes Konzert gab das Trio in der Nikolaikirche in Mitte. Daneben war Grützke ein paar Jahre lang Teil der von ihm erfundenen Neupreußischen Empfindungsgesellschaft, mit der er, ebenfalls in den Sechzigern, die »Erstbesteigung des Schönebergs« unternahm – eine Gesellschaft von aneinander geseilten Kletterern ging die Straßen des Stadtteils entlang, von Kneipe zu Kneipe, begleitet von einer Staffel Berliner Polizisten, die hinter dieser Aktion etwas politisch besonders Infames wähnten. Anderntags traf man sich frühmorgens und sah in den Himmel, dies war dann eine Aktion der Transberlinischen Sonnenaufgangs- und Sonnenuntergangsbeobachtungsgesellschaft.

Johannes Grützke betrieb, wie es der Schriftsteller Rudolf Lorenzen ein einem Porträt einmal bezeichnet hat, »Jux mit Hintergrund«. Daher blieb er dem Kunstbetrieb immer suspekt, auch wenn jede und jeder sein malerisches Können neidlos eingestand. Man nannte ihn Techniker. Nannte seine Gemälde altbacken. Man nannte ihn einen Karikaturisten. Man schützte sich gegen Grützkes Schonungslosigkeit in der Selbstanalyse durch freundliche Herabsetzungen. Er war als Zeichner und Maler ein Meister seines Fachs, und stets übte er sich darin, neue Techniken zu studieren, seine Methode zu verfeinern. Aus der Ewigkeit der Kunst schöpfte er, vielleicht, um selbst in die Ewigkeit eingehen zu können. Nun ruht er auf dem Dorotheenstädtischen Friedhof, unweit von seinem geliebten Johann Gottfried Schadow, lange Jahre hatte er sich in der Schadow-Gesellschaft engagiert. Er liegt wirklich an der richtigen Stelle.

Beinahe an der richtigen Stelle liegt auch der große Philosoph Georg Friedrich Wilhelm Hegel. Dem Professor Hegel, der 1831 mit 61 Jahren starb, hielt der Universitätsrektor Friedrich Förster die Trauerrede. Darin heißt es: »Sein Name wird somit anderen gefeierten Namen, welche Preußen berühmt machten, hinzugefügt; er war würdig nach dem Lande berufen zu werden, wo ein großer König die Philosophie auf den Thron setzte; wo Leibniz und Kant mit dem Pflugschar ihres Geistes den vertrockneten Boden aufrissen und den Keim der Wissenschaft pflanzten; wo der Vertriebene Fichte Aufnahme und Anerkennung fand. Obschon in dem Süden Deutschlands geboren, hat unser Hegel dennoch erst hier bei uns seine wahre Heimat und nun auch neben seinem großen Vorgänger Fichte, wie es sein eigener Wunsch war, sein Grab gefunden. Fichte und Hegel, das sind die Säulen des Hercules, welche hier die Grenzen bezeichnen, und den wollen wir erwarten, welcher an dieser Stelle den Mut haben worden, das plus ultra auszusprechen!«

Der erwähnte Johann Gottlieb Fichte (1762–1814) neigte im Alter immer mehr einem äußerst konservativen Denken zu. Hatte er sich zunächst zur Französischen Revolution bekannt, erwies er spätestens in seinen bis 1808 publizierten »Reden an die deutsche Nation« als entschiedener Gegner Napoleons – den Hegel wiederum ja zunächst als den »Weltgeist zu Pferde« begrüßte. Doch Hegel hatte eben nicht nur nach Fichtes Tod dessen Lehrstuhl übernommen, er fühlte sich ihm auch verpflichtet – daher der Wunsch, neben diesem beerdigt zu werden. Was wohl die so genannten Junghegelianer Ludwig Feuerbach oder Karl Marx davon gehalten haben, denen Fichte so sehr suspekt war?

So oder so ist die richtige Stelle aber in beiden Fällen nur beinahe die richtige – Hegel und Fichte nämlich wurden, siehe oben, umgebettet, eines profanen Straßenbaus wegen. Dabei wurde immerhin der Wunsch Hegels nach Fichtes unmittelbarer Nähe weiterhin akzeptiert. So können beider Grabstellen bis heute auf die beiden »Säulen des Hercules« hinweisen. Hegels Grabstein ist gepflegt und frisch poliert, die Schrift ist nachgezogen, der Grabstein seiner Frau Marie dagegen ist beinahe unlesbar. Auch Fichtes Stein ist geputzt, erhaben, aufragend, darauf ein Relief mit Fichtes Zügen, der Grabstein seiner Frau Josephine ist kleiner, aber ebenfalls würdig gehalten. Philosophie-Pilger erfreuen sich an beider Gräber Nachbarschaft, diese sind sicher die beiden am meisten besuchten auf der Prominentenbegräbnisanlage.

Philosophie-Pilger erfreuen sich an beider Gräber Nachbarschaft.

Die Anlagen des Französischen, Friedrichswerderschen und Dorotheenständischen Friedhofs erinnern an zweihundert Jahre

Berliner Geistesgeschichte – kreuz und quer durch die Disziplinen. Und während einige Größen eher bescheidene Grabstätten haben, auf denen recht schlichte Steine ihre Namen tragen, werden andere, heute weniger bekannte, durch große Denkmäler in Erinnerung behalten.

Auf dem Französischen Friedhof etwa steht das Grabmal für den Schauspieler Ludwig Devrient, es ist gestiftet »von seinen Kunstgenossen«. Devrients Schauspielkunst wurde Anfang des 19. Jahrhunderts hochgelobt, er hatte viele Fans, E.T.A. Hoffmann, von dem später noch die Rede sein wird, war sein Saufkumpan. Wie Hoffmann war Devrient stets bankrott, also spendierten seine Kunstgenossen dem verdienten Mimen sein Grabmal: eine gusseiserne Stele, auf der eine Henkelvase thront und an deren Seiten Reliefs von Masken zu finden sind – die Maske der Komödie und die Maske der Tragödie. Von Devrients Kunst sind nichts als ein paar Skizzen geblieben, verehrungsvolle Berichte und Briefe. Und eben diese grüne, gut gepflegte Eisenstele. Sein »Franz Moor« aber, den er ab 1809 gab, sein »König Lear« von 1814 – all diese seinerzeit sensationellen Darbietungen sind verloren, einzig Augenzeugen konnten ein ungefähres Bild seiner Kunst geben. Devrient starb 1832, gerade mal 48 Jahre alt, nachdem er während einer Aufführung auf der Bühne zusammengebrochen war.

Heute steht man vor dem Grabstein, der dem, der die Geschichte Devrients nicht kennt, nichts besagt. Der Stein steht für sich allein. Für eine Grabkunst von früher. »Ach schau«, sagt man zu sich selbst, »so haben sie also früher beliebte Künstler verewigt.« Das Grabmal ist bis heute erhalten geblieben, obschon viele andere Gräber eingeebnet wurden. Auch wenn es nie ein Ehrengrab war – der Respekt vor Devrients uns nicht bekannter Leistung bleibt.

Daneben fällt ein Grabdenkmal dadurch auf, dass es von einem später hinzugefügten Dach geschützt wird – der steinerne

Grabmal Schinkel und Mausoleum Hitzig

Sarkophag des preußischen Beamten Jean Pierre Frédéric Ancillon (1766–1837) ist überdacht, da ihm das Wetter so arg zusetzt.

Sein eigenes Dach bringt die wohl gewaltigste Grabstelle auf dem gesamten Friedhofsensemble mit, es ist das von Friedrich August Stüler geschaffene Grab für den Eisengroßhändler Pierre Louis Ravené. Unter einem auf acht Marmorsäulen ruhenden Dach aufgebahrt liegt, von zwei großen Engeln beweint, eine lebensgroße Ravené-Figur, schlafend, einen Lorbeerkranz in der Hand. Hier wird mit aller Prächtigkeit eines 1861 im Alter von 68 Jahren verstorbenen Mannes gedacht, der zwar Mäzen, jedoch kein Künstler war.

Ebenso prächtig wirkt nur noch das Familiengrab des Juristen, Verlegers und Schriftstellers Julius Eduard Hitzig (1780–1849), erbaut von seinem Sohn Friedrich. Kurios ist, dass der 1881 gestorbene Friedrich Hitzig bei Karl Friedrich Schinkel (1781–1841) gelernt hatte, dessen Grabstelle direkt nebenan liegt. Das von seinem Schüler entworfene, ein bisschen arg historisierend-kitschige Mausoleum der Hitzigs stellt nun die weitaus bescheidenere Grabstelle Schinkels in ewigen Schatten.

Viele Baumeister haben auf diesem Doppel- oder Dreifachfriedhof ihr Grab gefunden und liegen nun in stillem Frieden im selben Park. So ruht hier Friedrich August Stüler (1800–1865), der neben dem erwähnten Grab des Eisenhändlers Ravené noch weitere Werke auf dem Friedhof hinterlassen hat. Der ebenfalls bereits erwähnte Bildhauer und Grafiker Johann Gottfried Schadow (1764–1850) hat, so wie sein Schüler und späterer Konkurrent Christian Daniel Rauch (1777–1857), sein Grabmal gleich selbst entworfen – beide haben sich so gewissermaßen doppelt verewigt.

Innerhalb der vielen Prominenz und zwischen den großen Prachtgräbern sucht man kleine Gesten, weniger opulent gestaltete Ruhestätten beinahe vergebens. Das Grab Heinrich Manns ist so ein bescheidenes Grab. Der ältere Bruder Thomas Manns war wie dieser in die USA geflüchtet. Anders als Thomas jedoch war er in der »neuen Welt« nicht so berühmt, der Schriftsteller war daher bald auf Unterstützung des jüngeren Bruders angewiesen. Nelly, Heinrichs Frau, litt unter Depressionen und trank zu viel, 1944 nahm sie sich im Alter von nur 46 Jahren das Leben. Heinrich, der 27 Jahre älter war, überlebte sie um knapp sechs Jahre.

Eigentlich war geplant, dass er nach Deutschland zurückkehren sollte, in die DDR, um dort Präsident der Deutschen Akademie der Künste zu werden, er starb jedoch 1950 noch vor der geplanten Rückreise in Santa Monica. Dort wurde er zunächst auch beigesetzt. 1961 aber erlaubte seine einzige Tochter, Leonie Askenazy-Mann, dass seine Urne überführt und auf dem Doro-

Helene Weigel und Bertolt Brecht

theenstädtischen Friedhof beigesetzt wurde. Sein Grab ist, anders als man es von der sich mit der Prominenz Manns gern schmückenden DDR erwartet hätte, verhältnismäßig schlicht angelegt. Es wird dominiert von einer einfachen vom Bildhauer Gustav Seitz entworfenen steinernen Vierkantstele, auf der eine, ebenfalls von Seitz stammende, überlebensgroße Mann-Büste aufgestellt ist. Um die Stele herum wuchert das Grün, sodass die Tafel für Nelly Mann erst auf den zweiten Blick zu entdecken ist. »Der tapferen Lebensgefährtin Heinrich Manns im Exil, gestorben und beigesetzt in Santa Monica im Gedenken« ist darauf zu lesen. Warum ihre Urne nicht mitüberführt wurde, bleibt rätselhaft.

Das Grab der Schauspielerin und Intendantin Helene Weigel (1900–1971) und ihres Ehemannes, Bertolt Brecht (1998–1956), ist ebenfalls sehr einfach gehalten: Zwei Findlinge liegen da wie

Kopfkissen, davor ein Beet, auf dem Pachysandra terminalis – so genannte Dickmännchen – wachsen. Die Grabstelle wirkt wie ein großes Bett. Aus dem Umstand, dass das Kopfteil sich in einer Ecke befindet und Helene Weigel merkwürdigerweise innen, während der vor ihr beerdigte Brecht außen liegt, las der Essayist Michael Rutschky eine späte Bestrafung für den notorisch untreuen Bertolt heraus – immer wenn Helene nun pinkeln müsse, müsse der Gatte aufstehen, meinte er.

Bei ihnen liegt auch die Schauspielerin Hanne Hiob (1923–2009), geborene Brecht. Brecht hatte ihre Mutter Marianne Zoff, seine erste Ehefrau, und sie verlassen, als die kleine Hanne gerade mal vier Jahre alt war. Hiob wuchs dann mit dem Stiefvater Theo Lingen auf. Im Nachleben aber ist sie wieder mit ihrem Vater vereint in einem Grab.

In der Nacht vom 4. zum 5. Mai 1990 wurde das damalige Doppelgrab Weigel/Brecht geschändet und mit antisemitischen Parolen beschmiert. Sieben Tage später fand hier eine Gedenkstunde der Akademie der Künste zum 90. Geburtstag Weigels statt, der jedoch fast keine Aufmerksamkeit geschenkt wurde, auch war sie nicht besonders gut besucht. In den Tagen der zerfallenden DDR waren Weigel und Brecht für viele nicht mehr so interessant, die von allen sozialistischen Organisationen stets eingeforderte Solidarität fehlte nun, wo die Leute selbst über ihr Handeln bestimmten, spürbar. Christa Wolf schrieb darüber empört an Max Frisch: »Am Sonntag waren wir an den besudelten Gräbern von Weigel und Brecht, kein großer Haufen. Und keine ›West‹-Medien.« Heute liegt die 2011 verstorbene Schriftstellerin selbst nur ein paar Schritte entfernt begraben. Nach dem Anschlag vom Mai 1990 bewachten übrigens Freiwillige das Grab von Weigel und Brecht mehrere Wochen lang Nacht für Nacht. Freunde von mir waren dabei. Große Aufmerksamkeit ernteten auch sie nicht. Doch immerhin blieb der Friedhof nach dieser Aktion lange unbehelligt.

Zwanzig Jahre später gab es allerdings einen Angriff auf das Grab des linken Aktivisten Fritz Teufel (1943–2010) – diesmal vermutlich von Menschen, die Teufels Wort von der »Spaßguerilla« nicht verstanden hatten. Teufels Urne, die am 15. Juli 2010 auf dem Dorotheenstädtischen Friedhof beigesetzt worden war, wurde am 6. August, also nur rund drei Wochen später, aus dem Grab geholt, die Grabanlage dabei zerstört. Um das Grab herum fanden Ermittler verschüttete Asche, die sie sorgsam zusammenkehrten. Man vermutete einen politischen Hintergrund. Eine Woche später aber tauchte die Urne wieder auf, sie lag auf dem Grab des ehemaligen Studentenführers und Teufel-Weggefährten Rudi Dutschke auf dem Dahlemer Kirchhof der St.-Annen-Gemeinde. Die Urne war unversehrt. »Fritze hätte an solch' einer Aktion seine Freude gehabt«, habe, so die Berliner Morgenpost damals, in dem aufgefundenen Bekennerschreiben gestanden. Und eine merkwürdige Mahnung: »Aber jetzt muss wieder Ruhe und Frieden um das Teufelchen einkehren. Die Urne wurde nicht geöffnet.« Teufels Asche wurde also noch einmal beerdigt, das Grab später sogar um einen richtigen Grabstein erweitert, der jedoch keinen Spruch trägt, sondern nur Namen und Lebensdaten.

»Die Urne wurde nicht geöffnet.«

Ein anderer Star des Jahres 1968 ruht gleich um die Ecke: Der 1898 in Berlin geborene Philosoph Herbert Marcuse, der wegen des Nationalsozialismus in die USA emigrieren musste. Dort schrieb er unter anderem sein bahnbrechendes Werk »Der eindimensionale Mensch«, welches ihn zum umjubelten Star bei den Studierenden machte. Marcuse kehrte jedoch nicht dauerhaft nach Deutschland zurück, er blieb misstrauisch. Ebenso blieb er ein widerständiger Geist. 1979 starb er an einen Hirnschlag, den er in Starnberg erlitt, als er seinen Freund Jürgen Habermas besuchte. Der Leichnam wurde in Österreich eingeäschert, seine Frau nahm die Urne mit in die USA. Später beschloss die Familie, dass Marcuse lieber in seiner Geburtsstadt ruhen solle. 2003 wurde die Urne vor den Augen vieler und unter großer Aufmerksamkeit der Medien auf dem Dorotheenstädtischen Friedhof in die Erde gesenkt. Auf dem schönen, klaren Grabstein findet sich neben dem Namen und den Lebensdaten nur ein kleines Koppelwort, dass es in sich hat: »Weitermachen!« Selbstredend mit Rufzeichen.

Zu Grabschändungen ganz anderer Art kam es im Januar 1996, nachdem der im Vorjahr verstorbene Dramatiker und Gesprächskünstler Heiner Müller, nach ausgiebiger Trauerfeier im Berliner Ensemble, beerdigt worden war. Damals galt der 1929 geborene bekannteste Hornbrillenträger der DDR geradezu als intellektuelles Rolemodel, Männer, die in Berlin ihren Geist beweisen wollte, trugen in den Neunzigern Brille und Haare wie Müller (oder Glatze), zudem kleideten sie sich ausschließlich in Schwarz. Auch trank man seinetwegen Whisky und rauchte, vielleicht sogar Zigarre. Müller hatte Antworten auf viele Fragen, die der Mauerfall aufgeworfen hatte, und selbst dann, wenn er keine hatte, sah er so aus, als wüsste er mehr, als er sagte. Vor und nach seiner Beerdigung nun etablierte sich eine Art Mundraub der Intellektuellen. Ich kenne mehrere damals verarmte oder studierende Künstlerinnen und Künstler, die sich auf der knapp eine Woche andauernden Trauerfeier herumtrieben, und sich dort von bestürzten Schauspielern und niedergeschmetterten Professorinnen Wein und Bier bezahlen ließen – in ihrer Trauer schütteten sie jeder und jedem gern ihr Herz aus, meine Bekannten wussten das zu schätzen. Nach der Beerdigung brachten dann Fans aus ganz Deutschland kleine Whiskyflaschen oder Zigarren ans Grab – und ich kenne zwei

Fans brachten kleine Whiskyflaschen oder Zigarren ans Grab.

Gräber von Hans Mayer und Ivan Nagel

Schriftsteller, die sich des Nachts, von der Hannoverschen Straße her kommend, über die Mauer drückten, um einen Teil der Luxusgüter auf Müllers Grab zu rauben – zu »vergesellschaften«, so sagten sie. Doch sie genossen die guten Dinge lieber allein als in Gesellschaft. Heiner Müller, darf man meinen, hätte als Freund klandestiner Aktionen nicht viel dagegen gehabt. Am Rande seines kargen, sehr aufgeräumten Grabes befindet sich heute übrigens eine Vogeltränke, sie hat – passenderweise – die Form eines Aschenbechers.

Dass Johannes Rau, der 1931 in Wuppertal geboren wurde, und dort den größten Teil seines Lebens verbrachte, der von 1978 bis 1998 Ministerpräsident des Landes Nordrhein-Westfalen und von 1998 bis 2004 deutscher Bundespräsident war, und der erst seit Antritt dieses letzten Amtes in Berlin gelebt hatte, nach seinem Tod auf demselben Friedhof wie Hegel, Brecht und Müller beigesetzt werden sollte, führte 2006 zu einer Kontroverse. Gesamtberliner Patriotinnen und Patrioten, gelernte Ostdeutsche, jüngere und ältere Linke sowie Künstlerinnen und Künstler standen dem Plan, einen Politiker auf dem »Künstlerfriedhof« zu beerdigen, sehr misstrauisch gegenüber. Auch ich fand das unangebracht. Nicht dass ich Rau nicht auch ein bisschen mochte, stand ich doch, bis ich von Bielefeld nach Berlin zog, quasi immer unter der Regentschaft von »Papa Rau«. Dennoch fand ich es unangemessen, dass man einen toten Politiker zu den hehren Leichnamen der Kunst legte. Auch der Verweis darauf, dass Rau ja zunächst Autor und Verleger gewesen war, überzeugte mich nicht.

Warum viele andere und ich damals so aufgeregt waren, lässt sich heute nicht mehr sicher sagen. Ging es darum, sich die Verklärung der anderen hier ruhenden Geistesgrößen nicht von schnöden Gedanken an politischen Pragmatismus und moralische Sonntagsreden zerstören zu lassen? Ging es um die Unvereinbarkeit von Kunst und Politik? Ging es »ums Prinzip«? Ich weiß es nicht mehr. Inzwischen sind auf dem Dorotheenstädtischen Friedhof so einige Persönlichkeiten hinzugekommen, die allein für ihre politischen Leistungen bekannt sind, meines Wissens hat sich niemand mehr darüber aufgeregt.

Wir verlassen das Gelände und ich lasse den Blick noch einmal schweifen. Links von mir die Mauer, mit dem Durchgang zum Hugenottenfriedhof. Vor mir die Kopie einer überlebensgroßen Martin-Luther-Statue von Schadow, die man aus der Ruine der Dorotheenstädtischen Kirche geborgen hatte und die seit 1975 dort steht, mahnend. Dahinter das Mausoleum der Familie Stargardt, arg von Schüssen beschädigt. Überhaupt findet man hier, wie auf anderen Friedhöfen im Stadtzentrum noch viele Hinweise auf den Häuserkampf am Ende des Weltkrieges. Rechts dann die zahlreichen, ein bisschen uniform wirkenden gusseisernen Grabkreuze, die in der ersten Hälfte des 19. Jahrhunderts so beliebt waren. Hinter mir der schmale Weg zum Eingang – oder Ausgang.

Doch wir verlassen den Friedhof noch nicht sofort, sondern kehren noch kurz in das Café ein, das seit wenigen Monaten hinter der Friedhofsverwaltung und neben der Grabkapelle zu finden ist. Ein schönes Café, sparsam, aber elegant eingerichtet, man kann guten Kuchen essen – fast ist es ein Hipstercafé, es gibt selbstredend Chai Latte. Wir sind nicht die einzigen Gäste, auch nicht die jüngsten.

Ich lasse dennoch die Finger vom Kuchen. Lieber rauche ich eine Zigarette, in Gedenken an Helene, Bert und Heiner. Und lehne mich im Sessel zurück, um die Sonne genießen zu können. Leise höre ich in dem ein paar Meter entfernten Grabfeld die Vögel zwitschern, während sie von Kreuz zu Kreuz flattern.

Adresse

Dorotheenstädtischer Friedhof, Chausseestraße 126,
10115 Berlin
Geöffnet täglich ab 8 Uhr bis zum Einbruch der Dunkelheit
Friedhofscafé »Café Doro«, Freitag bis Sonntag ab 13 Uhr

In der Nähe

Brecht-Weigel-Gedenkstätte im Brecht-Haus,
Chausseestraße 125, 10115 Berlin
Besichtigung von Dienstag bis Sonntag, nur mit Führung

Grabstelle für Ferruccio Busoni mit Figur von Georg Kolbe

2

Künstlerfriedhof Friedenau

Wo Entdeckungen zu machen sind

Der Dorotheenstädtische Friedhof wurde von mir als jungem Zugezogenen als Künstlerfriedhof verteidigt, eigentlich jedoch kennen die Berlinerinnen und Berliner nur einen wahren Künstlerfriedhof. Und der liegt in Friedenau, heute ein Ortsteil im Bezirk Tempelhof-Schöneberg.

Fährt man nach Friedenau, bewegt man sich innerhalb der gleichen Stadt, man bemerkt die Grenzüberschreitung nicht an der Traufhöhe der Häuser, ist nicht irritiert durch ein anderes Berlinern oder andere Brote oder anderes Bier, und dennoch spürt man, dass man plötzlich woanders ist. Geist hängt in der Luft, die Nicolaische Buchhandlung und ihre nicht minder exquisiten Konkurrenten, die Buchhandlungen Thaer und Zauberberg, beliefern hier ein bis heute sehr kunstsinniges Publikum mit reichlich Lektüre. Es wird allerdings nicht nur gelesen, es entsteht hier auch Kunst, das ist ebenso zu spüren.

Friedenau war und ist ein Ort, der viele Künstlerinnen und Künstler anzieht. Kurt Tucholsky erlebte hier seine wohl entspanntesten vier Jahre in Berlin, bevor er 1924 nach Charlottenburg umzog. Der Autor und Kritiker Kurt Hiller wohnte an dieser Stelle ebenso wie die Künstlerin Hannah Höch. Max Frisch blieb eine Zeit mit seiner damaligen Frau Marianne in der Sarrazinstraße, die Übersetzerin ist noch heute Friedenauerin. Um die Ecke lebten Günter Grass und Uwe Johnson in der Niedstraße, in der auch der Schriftsteller Erich Kästner, sowie der Dramatiker und Romancier Günther Weisenborn wohnten, letzterer war aktiv im Widerstand gegen Hitler und wirkte in der »Roten Kapelle« mit.

Übrigens: In der Friedenauer Wohnung Johnsons entstand zu Beginn des Jahres 1967 die Kommune I um Dieter Kunzelmann, Rainer Langhans, Uschi Obermaier und Fritz Teufel. Die Kommunarden besetzten die Wohnung einfach – ebenso wie die von Hans Magnus Enzensberger in der Fregestraße, ein paar hundert Meter entfernt. Heute lebt unter anderem die Literaturnobelpreisträgerin Herta Müller in Friedenau und sorgt so dafür, dass der hiesige Künstlermythos weiter betrieben werden kann.

Dieses Umfeld macht verständlich, warum der hiesige Friedhof als Künstlerfriedhof gilt. Ganz abgesehen von seinen berühmten Toten. Als der Begräbnisplatz der Gemeinde Friedenau allerdings angelegt wurde, war von all dem noch keine Rede.

Friedenau war eine Siedlung, die ab Mitte der 1870er Jahre künstlich angelegt wurde. Der Name geht auf Hedwig Hähnel, die Gattin des Baumeisters Herrmann Hähnel zurück, sie bezog sich auf die Ruhe nach dem Deutsch-Französischen Krieg von 1870/71. Der Flecken war als Villenvorort geplant, von Anbeginn sollte dies ein bürgerliches Refugium für das Schöne sein. Friedenau wurde als eigenständige Ortschaft vor den Toren der gerade zur deutschen Hauptstadt emporgestiegenen Preußenhochburg erbaut, um der mit der Industrialisierung rasant zunehmenden Wohnungsnot zu begegnen. Erst 1920 wurde die stolze Landgemeinde gemeinsam mit der angrenzenden Stadt Schöneberg nach Groß-Berlin eingemeindet.

Heute heißt der frühere Begräbnisplatz verwaltungstechnisch: III. Städtischer Friedhof Stubenrauchstraße. Eigentlich sollte hier kein Friedhof entstehen, sondern ein Platz: der Hamburger Platz, benannt nach dem Geburtstort des Stadtplaners Johann Anton Wilhelm von Carstenn. Doch die Gemeinde wollte das Gelände vorübergehend als Grabstelle nutzen, daher ließ man dem Hamburger Platz von seiner ursprünglichen Größe nur ein Stückchen an der heutigen Kreuzung von Stubenrauchstraße, Südwestkor-

Profaner Eingang zur Kunst

so und Görresstraße übrig. Dieses fiel schließlich einer der vier Friedhofserweiterungen zum Opfer. Dabei musste auch der 1909 eingeweihte, mächtige Sintflutbrunnen von Paul Aichele weichen, der heute auf dem Perelsplatz zu finden ist.

Das Provisorium aber, als das der Friedhof geplant war, blieb. Und dass hier einst ein dekorativer Mittelpunkt Friedenaus einstehen sollte, sieht man dem Ruheort noch an. Schon das Eingangstor an der Stubenrauchstraße ist groß und mächtig, schlicht und dabei kunstvoll gestaltet. Hier wurde nicht geprotzt, ein schlichtes, nicht sehr großes Kreuz hängt in einem Kranz überm Tor, ansonsten herrscht Sachlichkeit vor. Das Friedenauer Bürgertum hatte offenkundig Stil. Auch die die 1888/1889 errichtete Friedhofskapelle zeugt davon, ein schlichter, zugleich jedoch würdiger Backsteinbau, nicht zu groß, nicht zu mickerig, ein Funktionsbau.

Entleertes Kolumbarium

Hinzu kommt noch das an die Fehlerstraße grenzende, zwei Geschosse umfassende Kolumbarium, das 1916 fertiggestellt wurde, es besteht aus Keller- und Erdgeschoss. In diesem nach außen sehr eleganten, aber schmucklosen Backsteinbau befinden sich bis zu zweitausend Urnengräber. Man ist irritiert, wenn man sich den nach außen offenen Arkaden des Erdgeschosses nähert. Hier wurden einzelne Grabwaben sehr stark geschmückt, hier ist individuelle Grabdeckelgestaltung möglich, und doch ist alles durch eine strenge, gewissermaßen von außen nach innen eingeflossene Struktur, die mit dunkel glasierten Schmucksteinen erzeugt wurde, sorgsam geordnet. Die Schmucksteine sind teilweise mit Figuren geschmückt, einem Leguan oder einer Blumenvase etwa. Dies gibt der ganzen Grabstelle trotz des ästhetischen Grabdeckelchaos' eine große Würde.

Bei unserem Besuch herrscht im eh schon nur sehr sachlich gestalteten Kellergeschoss des Gebäudes allerdings Leere vor. Wie auf einem Zettel angekündigt, wurde der überwiegende Teil der hier lagernden Urnen abgeräumt, nur einige wenige Nischen sind noch oder wieder belegt. Ein trauriges Bild, das trauriger wird, als wir in einem leergeräumten Fach ein altes Foto finden, schwarzweiß, es zeigt ein Paar an einem späten Hochzeitstag. Die Asche des oder der Geliebten ist nun entsorgt.

Ich schlendere gern über diesen Friedhof, anders als auf dem Dorotheenstädtischen Friedhof gibt es hier keine Hektik bei der Grabschau, kaum aufgeregtes Geknipse, kaum die Gier, möglichst viele der berühmten Grabstellen zu finden. Das liegt nicht nur darin begründet, dass Friedenau eben ein bisschen abseits der Stadtmitte liegt, sondern auch daran, dass die Anzahl der hier beerdigten Künstlerinnen und Künstler die dortige deutlich untertrifft. So können viele der hier ruhenden Kunstschaffenden tatsächlich dieses tun: ruhen. Für mich als Besucher bringt das den Vorteil, dass ich schlendern kann – und Gräber entdecken, mit denen ich nicht gerechnet hätte.

Keine Hektik, kaum aufgeregtes Geknipse.

Die weltweit bekanntesten unter den hier Liegenden sind zwei, die ein ähnliches und doch ganz anderes Schicksal teilen.

Beide sind sie in Berlin geboren. Beide gaben sich einen neuen Namen, einmal einen Nachnamen und einmal einen Vornamen.

Der eine, Helmut Neustädter, reiste auf der Flucht vor den antisemitischen Exzessen der Nazis 1938 über Singapur nach Australien. Dort machte sich der junge Mann schnell als Modefotograf einen Namen. Und er lernte seine Frau June kennen, eine bereits ein bisschen erfolgreiche Schauspielerin, die in den Siebzigerjahren unter dem Pseudonym Alice Springs selbst eine steile Fotografinnenkarriere hinlegte. Zunächst aber arbeitete sie sehr daran, ihren Mann ins Licht zu rücken. Schon bald war Neustädter unter seinem neuen Namen Helmut Newton weltbekannt, gerade seine aufreizenden, manchmal arg vitalistisch daherkommenden Aktfotos machten ihn berühmt. Erst spät besann sich seine Geburtsstadt auf ihn, nach all den Jahren – und er dankte es ihr trotzdem, indem er ihr ein Fotomuseum stiftete, dessen Eröffnung er leider nicht mehr erleben konnte, und indem er ihr einen Großteil seiner Bildsammlung überließ. Als er im Jahr 2004 mit 83 Jahren an den Folgen eines Autounfalls starb, verbrachte man seine sterblichen Überreste nach Berlin, so wie es sein Wunsch gewesen war.

Sein Grab ist einfach gehalten – ein bisschen niedriger Bewuchs in einem schlicht mit Schiefer eingefassten Rechteck, in der Mitte der Gedenkstein, beinahe klein, mit einem großen Porträtbild des Fotografen, der es zu seinem Lebensende geschafft hatte, selbst eine Bildikone zu werden. Dementsprechend klein sind der Name und die Lebensdaten gehalten. Der rote Tonstein, der das Grab als Ehrengrab ausweist, ist größer als der Gedenkstein. Selbstredend hat er, der einst schmählich vertrieben wurde, nach seinem Ableben sofort ein Ehrengrab erhalten.

Ebenfalls in einem Ehrengrab ruht eine, die Deutschland zunächst der Karriere wegen verließ und dann wegen der Politik nicht zurückkehrte: Marie Magdalene Dietrich, die sich selbst

Grabstein Helmut Newton

Marlene nannte. »Die Dietrich« folgte schon um 1930, nach dem großen Erfolg mit dem Film »Der blaue Engel«, ihrem – wie sie ihn nannte – »Schöpfer«, dem Regisseur Joseph von Sternberg, nach Hollywood. Sie, 1901 in Schöneberg geboren, machte dort rasch die ganz große Karriere, beeindruckte mit ihren Hosenanzügen,

Marlene

die eine Dame damals eigentlich nicht tragen durfte, verdrehte den Männern reihenweise den Kopf und gab den Verlockungen, mit denen die Nazis den Weltstar in ihr »Reich« heimholen wollten, nicht nach. Im Gegenteil, sie unterstützte mit ihrer Kunst die Truppen der amerikanischen Befreier – dafür wurde sie 1971 in

Frankreich zum *Officier de la Légion d'Honneur* ernannt, eine Ehre, die bislang nicht vielen Deutschstämmigen zuteilwurde.

Als die weltweit verehrte Schauspielerin, Stilikone und Chansoneuse 1992 in Paris starb, wo sie seit Jahrzehnten gelebt hatte, verabschiedete man sie dort mit einem großen Trauerakt. Auf dem Sarg lag die Trikolore, die französischen Flagge, anschließend wurde diese auf Wunsch ihrer einzigen Tochter in eine amerikanische Flagge umgetauscht, denn Dietrich war seit dem Zweiten Weltkrieg bis zu ihrem Lebensende Amerikanerin. Nach dem Trauerakt wurde ihr Leichnam nach Deutschland überführt.

So soll es ihr Wunsch gewesen sein, erzählte die Tochter. Marlene Dietrichs Biografin Eva Gesine Baur bestreitet dies allerdings. Sie sagt, es sei vielmehr bekannt, »dass sie in der Nähe eines sehr guten Restaurants bestattet werden wollte, auf einem französischen Provinzfriedhof, von Paris aus gut zu erreichen«. Wie dem auch immer sei, die Tochter wollte es so, also kam Dietrich nach Friedenau. »Hier steh ich an den Marken meiner Tage« steht auf ihrem Grabstein, es ist eine Zeile aus einem Sonett von Theodor Körner. Dazu ihr Geburts- und Sterbejahr, aber nicht ihr Nachname. Es heißt dort schlicht: »Marlene«.

Als sie beigesetzt wurde, gab es in Berlin noch viele Ewiggestrige, die, anstatt dankbar dafür zu sein, dass sie sich aktiv für die Befreiung Deutschlands vom Faschismus eingesetzt hatte, die Befreierin als »Vaterlandsverräterin« beschimpften. Auch als nach ihrem Tod eine Straße und ein Platz in der Hauptstadt ihren Namen bekamen, regte sich Protest. Erst in diesem Jahrtausend entschuldigte sich die Stadt für diese Behandlung offiziell und machte Marlene Dietrich 2002 posthum zur Ehrenbürgerin. Zu Recht. Schließlich hieß die von ihr in nur noch schlecht beherrschtem Deutsch bevorwortete Neuausgabe ihrer Autobiographie in deutscher Übersetzung: »Ich bin, Gott sei Dank, Berlinerin«. Und das hat sie trotz allem so gemeint.

Die Gräber von Newton und Dietrich findet man unweit des Kolumbariums. Doch es gibt noch viele andere großartige Künstler zu entdecken, deren Lebensgeschichte einen Blick lohnt.

In der Urnenhalle selbst etwa ist die Malerin Jeanne Mammen beigesetzt, ihr Fach trägt eine einfache Plakette mit ihrem Namen, dazu die Daten 1890–1976. Dabei bot ihr Leben viel Aufregung. Als sie fünf Jahre alt war, siedelte ihre Familie von Berlin nach Paris um. Als junge Künstlerin zog sie nach Brüssel, dann nach Rom, um schließlich, nach einer weiteren Zeit in Paris und in den Niederlanden im Jahr 1916 nach Berlin zurückzukehren. Nach dem Ersten Weltkrieg erlebte sie mit ihren Bildern von Großstadttypen ihre erste Berühmtheit. Kurt Tucholsky etwa war ein großer Verehrer von ihr. 1929 schrieb er eine öffentliche Hommage an sie: »Die zarten, duftigen Aquarelle, die Sie in Magazinen und Witzblättern veröffentlichen, überragen das undisziplinierte Geschmiere der meisten Ihrer Zunftkollegen derart, dass man Ihnen eine kleine Liebeserklärung schuldig ist. Ihre Figuren fassen sich sauber an, sind anmutig und herb dabei, und sie springen mit Haut und Haaren aus dem Papier.«

Doch wie ihr Verehrer wurde auch Mammen jäh vom Podest geholt. Der spätere Biophysiker Max Delbrück schrieb nach ihrem Tod: »Meine Freundschaft mit Jeanne Mammen begann in den 30er Jahren – zwei Jahre bevor ich Deutschland verließ. Jeanne war vierzig Jahre alt, und nach ihrer intensiven kreativen Periode der 20er Jahre hatte sie sich in das bittere Leben der inneren Emigration zurückgezogen.« Die Freundschaft beider hielt ein Leben lang, Delbrück unterstützte die Künstlerin nach dem Untergang des Nazireichs immer wieder finanziell.

An ihre Erfolge vor dem Krieg konnte Mammen zunächst nicht anknüpfen, sie blieb, wie viele Emigranten, doch vor allem wie viele künstlerisch tätige Frauen, »vergessen«. Erst kurz vor ihrem Tod wurde sie, die nie aufgehört hatte, produktiv zu sein, wiederentdeckt, nun endlich gefeiert. Für einen längerfristigen Ruhm reichte dies leider nicht, heute gibt es zwar eine Jeanne-Mammen-Stiftung, doch eine Neuentdeckung auch gerade ihres abstrakten Spätwerkes, das noch immer von einer immensen Heiterkeit geprägt ist, steht noch aus.

Eine andere vergessene Künstlerin ist Gerda Rotermund, 1902 als Gerda Rosenthal in Berlin geboren. Auf der Berliner Kunstgewerbeschule wurde sie von Käthe Kollwitz unterrichtet, mit der sie später eine Freundschaft verband. Sie erhielt zwar in den dreißiger und vierziger Jahren mehrere Auszeichnungen, dennoch hat sich die lesbische Künstlerin nie den Nazis angedient. Nach dem Zweiten Weltkrieg erhielt sie den Berliner Kunstpreis, doch ihre Kunst ernährte sie nicht, sie musste sich als Kunstlehrerin über Wasser halten. Obschon sie viele Entdeckungen im Bereich der Drucktechnik machte, starb sie 1982 fast unbekannt. »Talent, Fleiß, Selbstaufgabe, Demut, Selbstkritik, Klausur, geläuterte Geistigkeit, Liebesfähigkeit, Glaube an Gott, Bereitschaft zur Armut«, dies waren für sie die Voraussetzungen für eine künstlerische Tätigkeit. Das trieb sie weit, sie genoss sogar die Isolation: »Alleinleben ist so köstlich. Man spart eine ungeheure Nervenkraft und besitzt die wirkliche innere und äußere Freiheit, die unser Beruf nun mal braucht.« Heute ist Gerda Rotermund so sehr vergessen, dass sogar ihr Grabstein entfernt wurde. Sie ist im selben Grabfeld wie Marlene Dietrich beerdigt .

So sehr vergessen, dass sogar ihr Grabstein entfernt wurde.

Ein ebenfalls beinahe vergessener Künstler, der hier ruht, dessen Grab aber wohl nicht Gefahr läuft, eingeebnet zu werden, ist der Schriftsteller Paul Zech. Dieser schrieb in seinem Stück »Lebenslauf« unter anderem: »Ich beneide krankhafte Buchhalter, Zeichner, Drucker, alle Leute in hohen, hellen Sälen, die weißes Papier mit sauberen Zeichen bemalen. Das ist allemal sinnvoll. Vollbärtig. Bodenständig. O alle pflichttreuen Beamten! O Lakaientum! O versittlichte Menschheit! Ich weiß: mich schändet die letzte Ohnmacht des Schwachen. Aber was kann mich das noch berühren? Ich verbringe acht Stunden Tag für Tag im Amt. Und erhalte dafür ein Geld, eine Besteuerung, einen Wink: für den Reichstag zu kandidieren! Aber wo ist das große Gehirn, das eisige Lächeln, die Blumen, Raketen, die Peitsche, der Salto mortale? Ich kann mich aus allen Ecken zusammenlesen. Aber was geht das dich an?«

Die Geste ist glaubwürdig, der Ton hoch und expressiv, doch was immer Paul Zech über sein Leben angab, es war größtenteils gelogen. Er führte zeitweilig einen Doktortitel, den er nie erworben hatte, nicht einmal das von ihm behauptete Examen wird es gegeben haben. Konditor hat er gelernt, oder Bäcker, als Lagerist hat er gearbeitet. Zunächst. Egal. Er, der 1881 in Brandenburg geboren wurde, gab an, Westfale zu sein, auch wollte er in vorgeblichen Wuppertaler Jugendjahren Else Lasker-Schülers Schulfreund gewesen sein. Sie immerhin, die er tatsächlich erst mit circa dreißig Jahren kennenlernte, unterstützte ihn und verhalf ihm zu Kontakten, so publizierte er ihretwegen im legendären Expressionistenblatt »Der Sturm«. Zech meldete sich freiwillig in den Ersten Weltkrieg, den er lobend besang, nach 1918 aber will er Pazifist gewesen sein. Er stolperte von Job zu Job, überwarf sich mit seinen Verlegern, stahl in der Bibliothek, in der er arbeitete, über zweitausend Bücher, veröffentlichte packende Romane und wilde erotische Gedichte, verließ seine Familie, führte ein Doppelleben, floh vor den Nazis nach Argentinien, gab sich dort als größeres Opfer aus, als er es war, und starb im Exil schließlich 1946, verarmt.

Soldatengräber in Friedenau.

Erst nach seinem Tod wurde er als Übersetzer bekannt. Der Titel »Die Balladen und lasterhaften Lieder des Herrn François Villon in deutscher Nachdichtung von Paul Zech« verkaufte sich mehrere hundertausendmal. Doch nicht Villon war der Autor dieser Verse, jedenfalls nicht der alleinige. Zech hatte hier und da recht locker übertragen, da und dort noch etwas hinzugedichtet – sein Meisterwerk ist jedoch bis heute nicht als seines bekannt. Dabei kennen viele die Interpretation dieser »Übersetzung«, die Klaus Kinski einsprach. Der Vers »Ich bin so wild nach deinem Erdbeermund« ist legendär und wurde erst neulich von der britischen Popband Franz Ferdinand verwendet. Zech, der wild herumspektakelte, um seiner Dichtung, der er zu Unrecht nicht vertraute, mehr Tiefe zu verleihen, bleibt daher vergessen. Beerdigt liegt er, dessen Asche aus Lateinamerika überführt wurde, gemeinsam mit seinem Sohn Rudolf Zech (1904–1972), der sich als Verleger um sein Werk bemühte, obschon wohl selbst er nicht wusste, wer sein Vater war. Beider Grab immerhin ist ein Ehrengrab. Mag das den unruhigen Geist von Paul Zech beruhigen.

Unweit von den Zechs findet man das Grab von Dinah Nelken, auch sie ein aufrechter Geist, sie verstarb 1989 im Alter von 88 Jahren. Obschon sie nie in der DDR lebte, waren ihre Werke dort bekannter als in Westdeutschland, das gleiche gilt übrigens für Paul Zech. Hatte sie Anfang der dreißiger Jahre eine literarische Karriere begonnen, wurde sogar 1939 ihr zuvor in Österreich verfasster Roman »Ich an Dich« verfilmt, so konnte sie an diese Wahrnehmung nach dem Exil nicht wieder anknüpfen. Ihr Roman »Das angstvolle Heldenleben einer gewissen Fleur Lafontaine« war zwar kommerziell sehr erfolgreich, galt der Kritik jedoch als zu kolportagehaft, ihr blieb der Zugang zum literarischen Olymp verwehrt. Ihre politische Nähe zum Sozialismus machte es ihr nicht einfacher.

Als letzter der Wiederzuentdeckenden sei der Schriftsteller und Meisterparodist Kurt Barsch genannt, der erst vor wenigen Jahren hier beigesetzt wurde und in den meisten Verzeichnissen nicht zu finden ist. Bartsch, 1937 geboren und am Oranienburger Tor aufgewachsen, sollte eigentlich schon als Kind sterben. In einer der vielen Bombennächte wurde er im Keller verschüttet, doch wieder ausgegraben – von so genannten Fremdarbeitern, »Russen oder Polen«, wie er sich erinnerte. Er liebte die Kunst und er liebte die Literatur, doch ohne Abitur war – trotz bestandener Vorprüfung an der Kunsthochschule Berlin-Weißensee – kein Studium möglich. Später studierte er an der Literaturschule »Johannes R. Becher« in Leipzig, doch ohne Abschluss, denn er wurde mit seinen Kommilitoninnen Sarah Kirsch und Helga M. Novak »in Unehren« entlassen.

Bartsch schrieb Texte für Kabarett und Theater, war ab 1969 sogar Hausautor an der Volksbühne in Ost-Berlin und am Mecklenburgischen Staatstheater Schwerin. Doch da er 1976 die Petition gegen die Ausbürgerung Wolf Biermanns unterzeichnete, wurde er wieder zu einer Person non grata. 1980 emigrierte er mit seiner Frau, der Journalistin und Schriftstellerin Irene Böhme, gegen die die Staatssicherheit ermittelte. In West-Berlin machte er weiter, veröffentlichte Romane und Gedichtbände, die er selbst illustrierte, schrieb Drehbücher für das Fernsehen, seine Serie »Unser Lehrer Doktor Specht« ist wahrscheinlich die bekannteste. 2004 erschien sein Roman »Fanny Holzbein«, in dem er die letzten Kriegstage in Berlin auf grandiose Weise verdichtete. 2010 starb Bartsch. Seine Literatur wird bleiben, auch wenn sie noch der Wiederentdeckung harrt.

Sein Grab, ganz nah am Zugang Fehlerstraße gelegen, ist eines Künstlers würdig. Es ist ein schlichter Granitblock, darin eingelassen vier metallene Tafeln, auf der linken steht Bartschs Name mit den Lebensdaten. Drei weitere Menschen werden also folgen. Auf dem Grabstein befinden sich zwei Figuren, die Hans Scheib gestaltet hat – eine liegende Frauenfigur mit Pagenkopf, ein Weinglas in der Hand und ein in der Hocke sitzendes Skelett, es raucht und blickt freundlich. Um den Stein herum einfacher Kies. Das Grab wirkt – merkwürdigerweise – einladend. Freundlich. Humorvoll. Es ist unaufdringlich, zieht aber Aufmerksamkeit auf sich. Just so, sagen Freunde, war auch Kurt Bartsch.

Ein in der Hocke sitzendes Skelett raucht und blickt freundlich.

Auf dem Grabstein des Geigers Gerhard Taschner (1922–1976) findet sich ein metallener Auszug aus einer Partitur. Der Grabstein des Schauspielers, Autors und Synchronsprechers Uli Gressieker (1945–1990) zeigt abstrakte Figuren, die sich wie

Würmer aus dem Granit herausschälen und nach oben, dem Himmel zu sich schlängeln. Der Komponist Gerhard Hummel (1931–2005) hat inmitten eines Kiesbettes eine Eisenstele, die der inzwischen auch verstorbene Bildhauer Georg Seibert geschaffen hat, Name, Lebensdaten und künstlerischer Beruf Hummels sind ausgefräst, das Durchscheinende macht die Eisenstange so fragil – und so sichtbar. Der Musiker und Komponist Ferruccio Busoni (1866–1924), der eine neue Ästhetik der Tonkunst schaffen wollte, erhielt eine von Georg Kolbe gestaltete Sandsteinstele, auf der eine fallende Frauenfigur zu sehen ist, sie fällt graziös.

All den hier beschriebenen Gräbern ist gemein, dass sie auf Prunk verzichten – Kunst wird gezeigt, aber nicht aufgedrängt. Insofern ist es passend, dass der große Dichter Oskar Pastior, der 2006 während der Buchmesse in Frankfurt am Main starb, kurz nachdem bekannt wurde, dass er den Büchner-Preis erhalten sollte, lediglich einen einfachen, relativ kleinen und roh behauenen Grabstein bekommen hat. Dieser trägt Name und Daten, sonst nichts. Das Geld, das Pastior angesammelt hatte, ließ er lieber in eine Stiftung einfließen, die sich um experimentelle Kunst kümmert, und zweijährlich den Oskar-Pastior-Preis an lebene Kolleginnen und Kollegen des Stifters vergibt. Und dieser Preis ist – selbstverständlich neben dem Werk des Dichters – das wahre Denkmal für Pastior.

Kunst muss nicht auf dem Grab zu finden sein, wenn eine Künstlerin oder ein Künstler darin liegt. Leider wurden in den letzten Jahren mehrere Gräber eingeebnet, obschon auf dem Friedhof noch keine große Platznot herrscht. Auch wurde einigen – etwa dem erwähnten Gerhard Taschner – das Ehrengrab wieder aberkannt.

Grabplatten und Marmortafeln einfach übereinander gekippt.

Liebloser Umgang

Das wundert vor allem, wenn man schaut, wer alles auf anderen Friedhöfen ein Ehrengrab bekommen hat.

Die Friedhofsverwaltung legt auf diesem Gelände eh einen sehr rüden Stil vor, ob bei der Einebnung von Rotermunds Grab, bei der Ausräumung im Untergeschoss des Kolumbariums oder bei der Aberkennung der Ehrengrabwürde bei einigen Gräbern (nicht aus politischen Gründen). Auch dass sich im Bereich neben der Grabkapelle ein Schutthaufen findet, auf dem Grabplatten und Marmortafeln einfach übereinander gekippt worden sind, so dass sie zerbrachen, ist herzlos. Manche Verwandte können sich die Verlängerung der Liegezeit vielleicht einfach nur nicht leisten. Auf diese Weise, wenn sie den geborstenen Stein für ihre Liebsten sehen, führt man ihnen ihre Armut noch einmal sehr heftig vor Augen.

Jesus wacht

Viele einstmals an einen von sich oder seinen Kindern sehr geliebten Familiengründer erinnernde große Grabstätten sind gerade hier einfach umgewidmet worden, sie dienen nun als Ruhestätte für verschiedene Tote, die somit eine »Ruhegemeinschaft« bilden. So findet mancher große Granit-, Sandstein- oder Marmorbau, der nicht denkmalgeschützt und kein Ehrengrab ist, eine ganz praktische Weiterverwendung. Diese Mode gibt es auch auf anderen Friedhöfen, doch auf dieser städtischen Anlage ist dergleichen besonders soft zu sehen.

Dem Touristen bietet der Künstlerfriedhof, obschon längst auch ein so genanntes Gartendenkmal, wenig Komfort (außer einer öffentlichen Toilette). Doch das ist gut. Denn, wie gezeigt wurde, soll man hier nicht ruhen – solange man lebt, soll man finden. Man kann vergessene Künstlerinnen und Künstler entdecken, man muss sie oft sogar wiederentdecken. Ist der Dorotheenstädtische Friedhof inzwischen so etwas wie ein Ruhmespark geworden, in dem die nicht ganz so bekannten Persönlichkeiten, und jene, die sich kein protziges Grabmal leisten konnten, ein wenig untergehen, ist es auf dem Friedenauer Künstlerfriedhof noch möglich, zu flanieren – man verirrt sich, schweift ab, bleibt, obwohl man eigentlich zu jenem Grab wollte, plötzlich vor diesem stehen.

Das hat die Tourismusindustrie durchaus für sich entdeckt, bei yelp.de wird der Friedhof empfohlen, er bekommt von der Internet-Gemeinschaft vier von fünf Punkten zugewiesen. Alle staunen, teilen ihre Fotos und ihre Eindrücke. Es lässt die hier versammelten Toten leben. Weiterleben.

Adresse

Friedhof Schöneberg III, Stubenrauchstraße 43–45,
12161 Berlin-Schöneberg
Geöffnet im Sommer täglich 8 bis 18 Uhr, im Winter 9 bis 17 Uhr

Grabstätte Witzleben

3

Invalidenfriedhof

Wo Preußen zu sich selbst kommt

Der Invalidenfriedhof ist einer der ältesten Friedhöfe Berlins. Und er ist eine der seltsamsten Anlagen dieser Art, wohl kaum ein anderes Grabgelege in der Stadt vermittelt derart viel deutsche Geschichte. Der Friedhof verdankt seinen Namen dem 1746 unter König Friedrich II. errichteten Invalidenhaus, in dem Kriegsversehrte untergebracht waren. Dieses lag nördlich der Charité, außerhalb der damaligen Stadtgrenzen. In dieser Einrichtung sollten die Kriegsversehrten und ihre Familien eine Unterkunft sowie Verpflegung, Kleidung und ärztliche Betreuung erhalten, das Ganze weitgehend kostenlos. Da der Preußenkönig durch und durch Militarist war, ließ er auch die Verwundeten nach Dienstgraden sortieren und getrennt voneinander unterbringen – sie blieben weiterhin Offiziere, Unteroffiziere oder einfache Soldaten und trugen zeitweise sogar Uniform. Geleitet wurde das Invalidenhaus dementsprechend von einem Kommandanten. Es gilt als eine der ältesten Einrichtungen für die Kriegsopferfürsorge in Deutschland. Seine Gründung war nötig geworden, da der Alte Fritz nach dem Zweiten Schlesischen Krieg gegen Österreich zu viele langfristig Verwundete zu versorgen hatte und daher um den Ruf der Armee fürchtete. Wer wollte denn seine Knochen hinhalten für ein Vaterland, das sich nachher nicht um seine Versehrten kümmerte? Wie so oft war hier also ein vermeintlicher Akt der Großherzigkeit einer pragmatischen Überlegung geschuldet.

Teile des ursprünglichen Invalidenhauses stehen übrigens noch immer, in ihnen und in der angrenzenden, ehemaligen Neuen

Kaiser-Wilhelm-Akademie an der Invalidenstraße – einer Chirurgenschule für Militärärzte – findet sich heutzutage der erste Dienstsitz des Bundesministeriums für Wirtschaft und Technologie.

Eine Institution für die im Krieg Verwundeten und ein angrenzendes Krankenhaus verlangen geradezu nach einem Friedhof um die Ecke. Dieser wurde unmittelbar hinter dem Invalidenhaus, an der Kirschallee, der heutigen Scharnhorststraße, angelegt, unweit des heutigen Bundeswehrkrankenhauses (das Militär ist traditionellen Standorten stets treu geblieben). Das Begräbnisfeld wurde mit der Beerdigung des katholischen Unteroffiziers Hans Michael Neumann, der aus Bamberg stammte, am 20. Dezember des Jahres 1748 gewissermaßen eröffnet.

Wir betreten das Feld von der Straße her, und wundern uns – man meint eher einen spärlich mit Bäumen bepflanzten, kargen Park zu betreten, in den einige wenige Grabsteine und Grabstätten ein bisschen wahllos hingesetzt wurden. Das ist weniger dem Zweiten Weltkrieg zu verdanken als vielmehr dem speziell deutschen Nachkrieg. Zwar hatten die Grabanlagen schon zuvor einige Schäden erlitten, etwa wurden Teile des Geländes im Jahr 1829 überflutet. Hernach fanden die üblichen Einebnungen von Gräbern weniger bekannter Soldaten statt, auch hatten selbstredend die Bombardierung Berlins und die Häuserkämpfe in den letzten Tagen vor der Befreiung einige der auf dem Friedhof zu findenden Grabdenkmäler arg beschädigt. Doch erst nach der Kapitulation des so genannten Dritten Reichs begann der eigentliche Rückbau des Invalidenfriedhofs. Zunächst verfügten die Alliierten im Jahr 1946, dass die protzigen Grabdenkmäler für bekannte Nazis abzuräumen seien, das wurde jedoch, wenn überhaupt, nur inkonsequent umgesetzt.

Die Gräberanlage lag genau auf der durch Berlin verlaufenden deutsch-deutschen Grenze, am Kanal zwischen Nord- und

Reste von Grabstellen

Humboldthafen. Seit der Gründung der DDR gehörte sie zur Verwaltung des Bezirksamtes von Berlin-Mitte. Der Ost-Berliner Magistrat verfügte 1951, dort keine weiteren Bestattungen mehr zuzulassen. Lediglich Ehepartner durften noch beerdigt werden, dies sogar nach dem Bau der Mauer. Grabstellen, die vor 1925 angelegt worden waren und die man nicht für bedeutsam erachtete, wurden zu diesem Zeitpunkt bereits im großen Stil eingeebnet.

Es klingelt und ich muss zur Seite springen. Durch den ehemaligen Todesstreifen an der Mauer radeln Radfahrerinnen und Mountainbiker über den »Kolonnenweg« der Grenztruppen, zwischen dem Berlin-Spandauer Schifffahrtskanal (oft auch Hohenzollernkanal genannt) und den auf dem Friedhof erhaltenen Resten der so genannten Hinterlandmauer. Der Weg ist Teil des Berliner Mauerwegs, daher sind hier ausnahmsweise Fahrräder erlaubt, mit denen man den Friedhof auf zwei neu angelegten Zugängen südlich und nördlich des Friedhofs betreten kann.

Es gibt ja eine gewisse Spezies von Berliner Radfahrerinnen und -fahrern, die einfach nur ohne Blick für die Umgebung von A nach B will, im Höllentempo, ungebremst. Leute wie ich, die einen Friedhof betrachten, stören da nur – und Pietät kommt ihnen gar nicht in den Sinn. Denn die Lage ist klar: Radweg sehen, losstrampeln, alles was nicht wegspringt, überfahren, es ist Krieg. An diese Agenda halten sie sich eisern. Der Radweg ist die Autobahn des ökologischen Deutschen.

Es klingelt und ich muss zur Seite springen.

Seit 1961 herrschte an der Stelle, an der heute fröhliche oder verbissene Radler herumklingeln, eine verstärkte Totenstille. Der Bau der Mauer und die immer weiter vorangetriebene Befestigung der Grenzanlage führte nämlich dazu, dass viele Grabsteine abgetragen wurden, dass Umfriedungen und Bepflanzungen zerstört und dass Wege verlegt oder unkenntlich gemacht wurden. Immer mehr wurde auf diese Weise abgeräumt, lieblos umgelagert, schließlich zerstört. Heutzutage ist der ganze Friedhof übersät mit halbsichtbaren Grabumfriedungen, die inmitten einer stets gut gemähten Rasenfläche liegen, kein Laie kann überhaupt nur ahnen, wer in diesen Gevierten liegt oder gelegen haben könnte. Es gibt viel freie Fläche, manchmal ist nur noch ein Sockel eines Grabsteins erhalten, aus dem das rostige Befestigungsmetall ein Stückweit herausragt, manchmal nur ein paar Steine, die eine Ecke bilden, ob für ein Einzel- oder Doppelgrab, ob für eine Familiengrabstelle – man weiß es nicht. Manche Grabstelle ist sogar noch immer von den Resten der Hinterlandmauer durchtrennt. Von den circa dreitausend Gräbern, die 1945 noch erhalten waren (in den zwanziger Jahren, in denen eine erste Einebnungswelle begann, gab es noch rund sehstausend), sind heute nur noch knapp 200 erhalten, davon viele kaum erkennbar.

Umso mehr sind nun andere erhaltene oder zum Teil sogar frisch restaurierte, mächtige Grabanlagen oder weitgehend erhaltene Grabfelder herausgestellt. So finden sich gleich rechts vom Haupteingang, im ehemaligen Grabfeld A, einige Sarkophag-Gräber aus dem Spätbarock, die vermutlich bereits bei oder nach der oben erwähnten Überschwemmung im 19. Jahrhundert zugeschüttet worden waren und erst kurz vor der Jahrtausendwende bei der teilweisen Rekonstruktion der Anlage wiedergefunden wurden. Die so genannten hochbarocken Epitaphien ähneln noch sehr den Gräbern in Kirchen, die bis zum Ende des 18. Jahrhunderts vornehmlich als Grabstätten dienten. Das Grab der Elisabeth von Kottulinsky, die 1774 mit gerade mal sieben Jahren einer Tuberkulose zu Opfer fiel, ist das älteste noch existierende Grab auf dem Invalidenfriedhof. »Ein Kind guter Hoffnung, ihre Seele gefiel Gott wohl, darum eilte er mit ihr aus diesem bösen Leben, und versetzte sie frühzeitig, in die ewige Freude, und Seeligkeit.« Diesen Satz ließen die trauernden Anverwandten in den Sandstein meißeln, leider ist die Inschrift nicht ganz erhalten. Dafür aber beeindruckt der reiche Schmuck des Sarkophags noch immer. Blumenranken, Fackel und Sanduhr stehen für die Vergänglichkeit allen Lebens, ein Auge der Vorsehung, also das göttliche Auge im strahlenden, wolkenumrankten Dreieck, wacht über die Seele des Kindes und lächelnde Engel beschützen es.

Die Tochter eines Obristen muss wahnsinnig geliebt worden sein, so junge Menschen wurden nur selten so prachtvoll beerdigt. Der Autor Wolfgang Herrndorf, der in seinen letzten Lebensjahren oft über den Invalidenfriedhof streifte, stand – wie man in seinem Journal »Arbeit und Struktur« nachlesen kann – beeindruckt vor dem anrührenden Grabmal. Die sechs Sarkophag-Gräber sind allerdings nur in den Sommermonaten zu besichtigen, im Winter werden sie wegen der Anfälligkeit des Materials mit Holzverschlägen abgedeckt.

Bereits am Anfang des 19. Jahrhunderts war die Invalidenhaus-Gemeinde über das Invalidenhaus hinausgewachsen, hinzu kam eine Gemeinde für Zivilpersonen und neben den Militärs und ihren Angehörigen wurden nun immer häufiger Zivilisten auf dem Begräbnisfeld beerdigt. Doch war das nicht jedem recht, so mancher von seinem Preußentum berauschter Preuße wollte hier ausschließlich Soldaten und ihre Angehörige bestattet wissen.

Denn schon nach den Befreiungskriegen 1813–1815 setzte man auf der Anlage namhafte Offiziere des preußisch-deutschen Heeres bei, Karl Friedrich Schinkel und Peter Joseph Lenné planten hier sogar einen Ehrenfriedhof für berühmte Gefallene – und eben nicht, wie es damals wohl naheliegender gewesen wäre, auf dem Alten Garnisonfriedhof (der heute, trotz vieler Zerstörungen im und nach dem Zweiten Weltkrieg, besser erhalten wirkt). Zwar wurde der Invalidenfriedhof nicht zu einem nationalen Heldendenkmal umgewandelt, Schinkel erhielt allerdings königliche Aufträge für die Gestaltung der Gräber einiger Generäle.

Das zweifelsohne prächtigste von ihnen ist das des Generals Gerhard von Scharnhorst. Scharnhorst, der sich um die Reorganisation des preußischen Heeres verdient gemacht und die Stiftung des »Eisernen Kreuzes« initiiert hatte, erlitt im Mai 1813 in der Schlacht bei Großgörschen eine Schussverletzung am linken Knie, die nicht hinreichend behandelt wurde. Dies hatte zur Folge, dass sich die Wunde entzündete und Scharnhorst, der gerade erst selbst mit dem Eisernen Kreuz ausgezeichnet worden war, in Prag verstarb, sechs Wochen nach der Verwundung, im Alter von 57 Jahren. 1826 wurde sein Leichnam auf Anregung seiner Verehrer nach Berlin überführt. Schinkel hatte ursprünglich ein Mausoleum geplant, doch da dieser Plan bei seinen Auftraggebern nicht verfing, änderte er den Entwurf und errichtete einen auf zwei Säulen ruhenden Hochsarkophag aus weißem Marmor, an dessen Seiten der Künstler Friedrich Tieck Szenen aus Scharnhorsts Leben dargestellt hat. Auf dem Sarkophag wiederum liegt die bronzene Skulptur eines schlafenden Löwen, die Christian Daniel Rauch entworfen und Theodor Kalide gegossen hat. Es waren also vier Künstler zugleich an diesem nationalen Monument beteiligt. Schinkel, der für die 1834 eröffnete Gesamtanlage des Scharnhorst-Familiengrabes verantwortlich zeichnete, fasste den Hochsarkophag und die darum herum angeordneten Gräber der Familienmitglieder schließlich mit einem einfachen, von ihm selbst gestalteten Eisenzaun ein.

In seinen »Wanderungen durch die Mark Brandenburg« widmete Theodor Fontane der Grabanlage ein eigenes Kapitel. Er schreibt darin: »Um dies berühmte Denkmal her ruhen (...) die Kinder und Enkel des Generals, auch Graf Friedrich Dohna, sein Schwiegersohn, jeder unter einer mächtigen Platte von poliertem Granit, auf welche, neben dem Namen und den Daten von Geburt und Tod, einfach ein Kreuz und ein Bibelspruch eingegraben ist. (...) Die beiden zuletzt Genannten (Enkel des 1813 gefallenen Generals) haben einen gemeinschaftlichen Grabstein. Der enge Raum innerhalb des nur zwölf Schritt breiten und fünfzehn Schritt langen Eisengitters gebot dies. In den vier Ecken stehen Trauereschen; aller weitere Schmuck ist vermieden, selbst Blumen fehlen. Mit diesen beiden 1858 und 1875 kinderlos verstorbenen und im Laufe dieses Jahres (1881) nach Berlin hin übergeführten Enkeln des Generals: dem Premierlieutenant Gerhard von Scharnhorst und dem Platzmajor August von Scharnhorst, erlosch, nach genau hundertundzwanzigjährigem Bestehen – vom 12. November 1755 bis 11. No-

Fontane widmete der Grabanlage ein eigenes Kapitel.

vember 1875 –, das erst 1802 geadelte Haus von Scharnhorst.« Das Grabmal ist bis heute erhalten – auch, da Scharnhorst selbst in der DDR noch sehr verehrt wurde (die einen Scharnhorst-Orden einführte). Die von Fontane erwähnten Trauereschen allerdings fehlen nun auf der Grabanlage, zwischen den Grabplatten und dem Eisenzaun findet sich nichts als weißer Kies. Und nicht alles, was man sieht, ist original. So werden die echten, schon stark durch die Witterung angegriffenen Reliefs heute in der Alten Nationalgalerie aufbewahrt, auf dem Friedhof wurden 1995 der Marmor-Sarkophag und der zugehörige Deckstein durch Kopien aus Kunststein ersetzt.

Ein anderes Grabdenkmal, das Karl Friedrich Schinkel entworfen hat, war jenes für den 1837 als Kriegsminister verstorbenen Ernst Job Wilhelm von Witzleben. Auf dem Zippus, dem Gedenkstein, hat sich der damalige König Friedrich Wilhelm III. verewigen lassen (»Sein Andenken ehrend«), auf diesem findet sich ein eiserner Baldachin, der eine Viktoria mit Lorbeerkranz und Palmwedel schützt. Auch dieses Grabmal sieht hervorragend aus, ist jedoch ebenfalls nicht mehr authentisch. Infolge von nicht beachteten Kriegsschäden und Rost brach das Witzleben-Denkmal 1984 in sich zusammen und wurde zunächst eingelagert. Spätestens bei diesem Prozess gingen Teile des 1998 wiedererrichteten Denkmals verloren und mussten nach historischen Bildern nachgearbeitet werden.

Auch wenn die Denkmäler für die Ewigkeit geschaffen sind, können sie den Ruhm des Toten nicht immer durch alle Zeiten hindurch preisen. Und manches, was ihnen nachgesagt wird, stimmt so gar nicht – die Ruhestätte des 1827 verstorbenen Gustav Friedrich von Kessel liegt beispielsweise auf einem der acht Jahre nach Kessels Tod angelegten neuen Friedhofswege, sie steht inmitten einer Wegkreuzung. Kessel, in den letzten Jahren seines Lebens Kommandant des Invalidenhauses, war nicht eben beliebt. Daher, so heißt es, habe er an dieser Stelle liegen wollen, »weil er auch zu seinen Lebzeiten niemandem aus dem Weg gegangen sei«. Dies ist wohl eher eine Familienlegende, das Grab musste einfach in die neue Wegeplanung eingearbeitet werden, da die Friedhofsverwaltung den Toten offenkundig nicht exhumieren und seine Grabstelle versetzen wollte.

Dank der vielen Generäle und bekannten Krieger, die auf der Anlage beigesetzt wurden, kam es schließlich doch ein bisschen so, wie es sich die königlichen Künstler Schinkel und Lenné erhofft hatten. Die Gräberanlage erfreute sich wegen der Monumente bald größerer Beliebtheit. Als Lenné zudem in unmittelbarer Nähe auf einem ehemaligen Wirtschaftsfeld der Versehrtenanstalt den Invalidenpark schuf, der ebenfalls dem Heldengedenken diente, wurden beide Orte gleichsam zu Pilgerstätten. Heute ist der Invalidenpark eine leere, selten genutzte, beinahe baumlose Grünfläche, in deren Mitte spektakulär ein Mauerstück im Wasser versinkt – das Bauwerk soll zugleich an die verschwundene Berliner Mauer und an die 1967 abgerissene Gnadenkirche erinnern, die prächtig in Lennés Gartenkunstwerk integriert worden war.

Eine leere, selten genutzte, beinahe baumlose Grünfläche.

Obschon in der Mitte des 19. Jahrhunderts mehr Zivilisten als Soldaten auf den hier eingeteilten Gräberfeldern beerdigt wurden – etwa auch erste Arbeiter aus den an der nahegelegenen Chausseestraße entstanden Fabriken –, hielt sich der Ruf eines reinen Soldatenfriedhofs, was im Ersten Weltkrieg geradezu zu einem Boom von Begräbnisstätten für nationale Helden führte. Vorbilder waren dabei neben den Schinkelschen Meisterwerken auch Grabmale wie das des Generals Hans Karl von Winterfeldt, das 1857 errichtet wurde, zum hundertsten Todestag des Freundes von Friedrich II. Dessen Gebeine wurden für die Monumentalisierung des Preußentums aus dem schlesischen Schloss des Generals bei Lüben unter großem Pomp nach Berlin verbracht. Das Denkmal selbst präsentiert nicht nur das Antlitz des Generals in einer Bronzebüste, und es wird nicht nur Friedrich II. zitiert (»Er war ein guter Mensch, ein Seelenmensch, er war mein Freund«), nicht nur wird der Stein auch durch eine beinahe erotisch wirkende Viktoria auf der Rückseite ergänzt, nein, obenauf sitzt zudem eine monströse Bronzeplastik, die nach vorn hin Waffen und Siegeszeichen in römischer Manier präsentiert und nach hinten einen sehr großen preußischen Adler zeigt.

Derartige Denkmale machten aus dem Andenken an einen geliebten Toten einen nationalen Akt. Der General, der zweifelsohne seinem König und Freund bis zu seinem Tod gern gedient hatte, wird mit dieser Konstruktion seltsam überhöht. Sein Opfer für die Ziele seines Dienstherrn – Winterfeldt starb infolge eines Schwerthiebes, der ihn im Siebenjährigen Krieg bei Prag ereilte – wird zu einem Schicksalsschlag verkitscht, das Heldische erklärt sich nicht mehr aus einer einzelnen Tat des Helden heraus, sondern nur aus dem Umstand, dass er für das Vaterland gestorben sein soll.

Das Andenken an einen geliebten Toten wird zum nationalen Akt.

Es verwundert angesichts dessen kaum, dass der Bronzeschmuck des Denkmals von einem Bildhauer stammt, der diese Verklärung des Soldatischen besonders schätzte – der Autodidakt Heinrich von Ledebur hat sich in diesem Kunstwerk unsterblich machen wollen. Er ruhte denn schließlich selbst hier, ganz in der Nähe seines Meisterwerks. Doch das Grab des im Hauptberuf als Generalleutnant tätigen Künstlers ist nicht erhalten geblieben.

Zwar wurden auf dem Invalidenfriedhof nur rund 120 Soldaten beerdigt, die im Ersten Weltkrieg gefallen waren, verhältnismäßig wenig also, doch die Art, wie die Trauer inszeniert wird, hat

Sarkophaggrab von Seeckt

es in sich. Die einzelnen Grabstätten sind protzig, konkurrieren, auch wenn der militärische Rang der Gefallenen oft nicht sehr hoch war, und wenn es hier vor allem die Angehörigen waren, die die Gräber anlegen ließen, in der Größe mit den Denkmälern Schinkels, die an bedeutende Generale erinnern.

Mehrere Denkmale und die Geschichte der mit ihnen geehrten Toten sollen an dieser Stelle exemplarisch hervorgehoben sein:

Zum einen die Ruhestätte für Guido Pankratius Hermann von Gillhaußen, eines 1870 im oberfränkischen Esbach geborenen Majors, der im Mai 1918, knapp ein halbes Jahr vor dem Ende des Krieges, nach einer schweren Verwundung starb. Gillhaußen, der zu Kriegsbeginn kein Jungspund war, galt zuvor als eher der Muse zugeneigt. Er komponierte und schrieb Lyrik. Franz Kafka ist er im Jahr 1912 begegnet. Dieser schrieb in sein Tagebuch: »Herr Guido von Gillhausen (sic!), Hauptmann a. D., dichtet und komponiert ›An mein Schwert‹ u. ä. Schöner Mann. Wage aus Respekt vor seinem Adel nicht, zu ihm aufzuschauen, habe Schweißausbruch (wir sind nackt) und rede zu leise.« Einen Tag später ergänzt er: »Ein Lied des Herrn von Gillhausen heißt: ›Weißt du, Mamalein, du bist so lieb‹.« Gillhaußen war Kafka offenkundig angenehm, doch vertiefte sich die Bekanntschaft nicht. Weitere Bekanntschaften Gillhaußens mit bedeutenden Künstlern sind nicht ermittelbar. Die Stunde des Erfolges kam für den lyrischen Major erst mit dem damals so genannten »Weltenbrand« – und da war er im Dienst und hatte kaum Zeit für die Dichtung. Außer im Lazarett. Auf seinem Grabstein findet sich ein Gedicht, es ist, wie vermerkt, »Erdichtet nach schwerer Verwundung. Colonfay 1914«. Hier der vollständige Wortlaut, Rechtschreibung und Hervorhebungen wie in den Stein gemeißelt:

Ich weiß, wofür ich leide,
Mein Blut vergossen hab:
In schwerstem deutschen Streite
Grub ich an Feindes Grab.

Ich stritt im DEUTSCHEN Heere
Für DEUTSCHES Heiligtum
Als Schildknapp DEUTSCHER Ehre
Für DEUTSCHER ZUKUNFT Ruhm!

Drum lebt trotz grimmer Schmerzen
Trotz wundenheisser Qual
In meinem Deutschen Herzen
Nur Dank und Sonnenstrahl.

Grabstein Gillhaußen

Gillhaußen war, als er das schrieb, vermutlich trotz seiner Verwundung voller Kriegsbegeisterung – und damit stand er nicht allein. Nahezu alle Deutschen jubelten, selbst der Pazifist Erich Mühsam begrüßte einige Tage lang den Ausbruch des Ersten Weltkrieges, da er glaubte, Deutschland sei überfallen worden.

Gillhaußen soll übrigens bereits vor dem Kriegsausbruch eine Vision vom Untergang Preußens gehabt haben, weswegen er in einigen Texten sogar als Hellseher oder jemand, der Gesichte hatte, vorgestellt wird. Seine Vision kurz nach Kriegsausbruch und drei Wochen vor einer ersten schweren Verwundung liest sich, anders als das zitierte Gedicht, so gar nicht zukunftsfroh. In einem Brief, den er an den preußischen Kronprinzen schickte, und der von diesem ein Jahr später ohne Kommentar zurückgeschickt wurde, schrieb Gillhaußen:

»Was ich am 3. August 1914 früh gegen 2 Uhr sah. Wie wird der Krieg verlaufen? Nicht in kurzer Spanne Zeit. Ich sehe an mir vorüberziehen viele Feinde und erkenne deutlich Belgien als einen Feind, der uns furchtbare Wunden schlägt in maßloser Grausamkeit. Im Westen taucht neben Frankreich, das ich gestoßen, getreten, vergewaltigt sehe von England, eben dies England auch als unser bedeutendster Gegner auf. Auch in Afrika haben wir schwer zu kämpfen, doch scheinen es auch Weiße zu sein, die uns dort vernichten wollen. Zwischen beiden Erdteilen erblicke ich eine unklare Gestalt, die uns auch zu schaffen macht, ohne daß ich wüßte, wer es sein könnte. Italien aber eilt, mit England, Frankreich und Rußland gemeinsame Sache wider uns zu machen. Auf dem Balkan: Serbien und Rumänien. Ich sträube mich gegen Rumänien, aber es bleibt. Ich begreife es nicht, aber es bleibt. Rußland macht uns große Mühe, aber es wird erliegen, obgleich Japan ihm hilft, wie Amerika England hilft. Ich sehe Roosevelt dem König von England Brot und Wein reichen und ihm auf die Schulter klopfen, ihm Geld geben, ein Pulverhorn, einen Dolch und Bleikugeln, und Roosevelt schien doch unser Freund!? – Der Krieg wird schauerlich und viele Jahre dauern. Immer neue Feinde kommen.

»Rußland erwacht und streitet mit Amerika um den Besitz der Zukunft. – Gott mit uns!«

Ich sehe sie aus allen Ländern der Erde zu England eilen, das gegen uns steht, und mit ihm gehen. Gewaltige Entfernungen wird es geben, auf denen wir kämpfen müssen. Fast alle Völker der Erde werden hineingezogen. Ich sehe den Krieg von Nordamerika bis Australien, von Serbien und Japan bis zum Kap Horn. Und überall taucht England auf. Auch in allen Ministreien unserer Feinde sitzt es und regiert brutal und egoistisch und alle beugen sich, alle! Ich sehe keine Ausnahme. Ist es möglich? Deutschland kommt in furchtbare Lage und 1918 wird es am schlimmsten, 1920 erst scheint der Krieg zu Ende zu sein, oder nur Waffenstillstand?, es sieht so aus. – Ob der Kaiser 1921 noch erlebt? Ich sah den Kaiser, angetan mit Hermelin und Krone auf dem Haupte, die Beine seines eigenen, umgelegten Thronsessels absägen. Während dieser Arbeit wurde der Hermelinmantel immer grauer und pulveriger, allmählich abfallend, während die Krone immer mehr zusammenschrumpfte, der Kaiser selbst in nichts zerrann. Mir scheint es, als ob England in Ägypten oder Indien den Todesstoß erhält. Dort sehe ich Bewegung wie in einem Ameisenhaufen. Deutschland geht furchtbar geschwächt aus dem Kriege hervor und braucht 30 Jahre zur Erholung. Rußland erwacht und streitet mit Amerika um den Besitz der Zukunft. – Gott mit uns!«

Einiges, was Gillhaußen in dieser Vision erschienen sein soll, ist tatsächlich später passiert, etwa der Kriegseintritt der USA. Vieles war allerdings auch für Menschen ohne seherische Kräfte vorhersehbar.

Trotz einer solchen, zwar von Patriotismus getränkten, doch eben auch schauerlichen Vision, heißen die zu Lebzeiten veröffentlichen Bücher Gillhaußens »Schwertklang« oder »Harret aus! Ein freies Wort zu ernster Zeit aus dem Herzen des Deutschen Volkes!« und strotzen vor Kriegsbegeisterung.

Dennoch kann man nicht sagen, dass Guido von Gillhaußen, der nur seinem Vater zuliebe Soldat wurde, wie Bekannte berichteten, glücklich in den Tod gegangen sei – er starb übrigens an einer starken Verletzung durch ein Schrapnell und einer Vergiftung mit Senfgas. Dass er, obschon er in Aachen starb, auf dem Berliner Invalidenfriedhof beerdigt ist, wird seinem Wunsch entsprochen haben – sein Großvater ist dort ebenfalls bestattet worden. Doch inwieweit er mit dem Grabmal einverstanden gewesen wäre, lässt sich nicht klären.

Der Stein ist ungewöhnlich massiv, auf seinem Rücken trägt er das oben zitierte Gedicht, auf seiner Vorderseite sind einige seiner Auszeichnungen sowie die Lebensdaten und der Sterbegrund vermerkt, über all dem schwebt ein Ritterkreuz. Rein religiöse Insignien sucht man vergebens. Auf dem Grabmonument, das eine Art gehauenes Sandhaufengrab abschließt, finden sich eine Fahne, ein Schwert, ein Soldatenhelm und der obligatorische Kranz aus Eichenlaub, der ein wenig herunterhängt, und der unten an dem eingemeißelten Ritterkreuz aufsetzt.

Nichts an diesem Grab weist auf den Menschen Gillhaußen hin. Er, der vielleicht gar nicht so gern beim Kommiss war, wird hier ausschließlich zum Militär, ein Held, ein Sieger (im Tod), ein Kriegsdichter, ein Werkzeug des Militärapparates. Hinweise auf eine Familie, etwa auf das liebe »Mamalein«, fehlen, Hinweise auf eine andere Liebe als der zum »DEUTSCHEN Heere« ebenso, Frau, Kinder, ein Geliebter, man weiß es nicht.

Das Grab wurde, obschon Lyrik und Tonwerke von Gillhaußen heute restlos vergessen sind, im Jahr 2008 restauriert. Bezahlt hat dies eine Stiftung Preußisches Kulturerbe, die immer wieder mal mit rechtsextremem Gedankengut in Verbindung gebracht wurde. Hier hat man, so scheint es, Gillhaußens letzte Ruhestätte mitsamt den menschlichen Überresten noch einmal in den Dienst einer nationalistischen Idee genommen. Umso mehr irritiert es mich, dass ich bei der Recherche ein Foto von der Übergabe des renovierten Grabes an die Öffentlichkeit finde, auf dem

Erhaltene Grabstätten

ein Bundeswehrsoldat in Uniform sein Gewehr präsentiert. Der Militarismus demissioniert diesen Toten wohl nie mehr.

Aber nur *for the show.* Heutzutage scheint das Interesse an Gillhaußens Grab wieder etwas abgeflaut zu sein, die Bepflanzung, die man nach der Renovierung vorfand, ist weitgehend verschwunden, ein bisschen Unkraut wächst vor sich hin.

An vielen Stellen des Invalidenfriedhofs finden sich weitere derart pompösen Gräber für Tote des Ersten Weltkriegs. Direkt neben Gillhaußen liegt etwa Olivier von Beaulieu-Marconnay, ein Jagdflieger, den man für seine militärischen Leistungen mit gerade zwanzig Jahren zum jüngsten Träger des Ordens *Pour le Mérite* ernannt hatte. Er wurde nicht älter, da er bei einem Luftkampf versehentlich von eigenen Leuten angeschossen wurde und – wie Gillhaußen nur wenige Wochen vor Kriegsende – der Verletzung erlag. Die Inschrift des ebenfalls sehr groß ausgefallenen Gedenksteines besagt, dass er hier »den Heldenschlaf« schlafe.

Auf dem Grab von Hans-Joachim Buddecke findet sich am Ende einer vom Expressionisten Christoph Natter gestalteten Stele ein stilisierter Raubvogel, wohl in Anspielung auf den Ehrentitel »El Schahin«, zu Deutsch: Jagdfalke, den sich der Jagdflieger Buddecke in der Türkei erworben hatte. Buddecke wurde immerhin 27 Jahre alt. Auch er starb 1918. Der Falke auf der Stele allerdings wirkt nicht kriegerisch, eher in sich gekehrt.

Das ist bei anderen Denkmälern anders. Auf dem Stein beispielsweise, der an Major Harry von Coler erinnert, sitzt ein riesiger kämpferischer preußischer Adler, auch fehlt das Eiserne Kreuz nicht (der Gedenkstein wurde 2011 restauriert, die arg beschädigte, kaum mehr rekonstruierbare Inschrift durch eine Marmortafel, auf der Rang, Name und Lebensdaten verzeichnet sind, ersetzt).

Nur selten, wie auf dem Grabstein des Leutnants Werner John, der nach einem Entwurf von Emil Cauer d. J. gestaltet wurde, ist Trauer zu sehen. Auf dem Relief hält eine Frau einen Sterbenden in ihren Armen, das Eichenlaub, das sie in ihrer linken Hand hält, wirkt nicht martialisch. Und auch die Eltern des gerade mal neunzehn Jahre alt gewordenen Sohnes wünschen ihm unter dem wohl obligatorischen Ritterkreuz »Frieden«.

Auffällig viele bekannte Flieger sind oder waren auf dem Invalidenfriedhof bestattet. Einer der Jagdflieger, dessen Spitzname nicht nur Freunden der amerikanischen Cartoonserie *The Peanuts* vertraut sein dürfte, ist Freiherr Manfred Albrecht von Richthofen. Er ist heute besser bekannt als der »Rote Baron«, obschon er selbst diesen Beinamen nie trug und ihn auch seine Feinde zu seinen Lebzeiten nicht so bezeichneten. Sein Grabmal soll hier als weiteres Beispiel dafür dienen, warum der Invalidenfriedhof so sehr mit dem Ruf eines militaristischen Gedenkortes zu kämpfen hat.

Manfred von Richthofen wurde im Mai 1892 geboren, im April 1918 starb er beim Abschuss seines Flugzeugs. Wohl kaum ein anderer deutscher Pilot ist derart bekannt, dabei ist über seine Person – obschon 1917 eine Autobiographie erschien – nur wenig bekannt. Die Autobiographie trug den Titel »Der rote Kampfflieger«. Sie erschien in der Reihe der »Kriegsbücher« im Ullstein Verlag und verkaufte sich allein bis zum Ende des Ersten Weltkriegs um die 400.000 mal, bis heute hat sie zahlreiche weitere Auflagen erlebt. Dabei war Richthofen selbst, obschon er von Verlagen bestürmt wurde, gar nicht daran interessiert, seine Memoiren zu verfassen, doch die Oberste Heeresleitung nahm den Mann, den man mit zahllosen Orden behangen hatte, in die Pflicht und drängte ihn, ein Büchlein zu verfassen.

Der »Rote Baron« – kaum ein deutscher Pilot ist derart bekannt.

Richthofen war ein enorm effektiver Jagdflieger, bis zu seinem Tod hatte er achtzig gegnerische Flugzeuge abgeschossen. Doch schon vorher galt er als der beste Krieger in der damals neuen militärischen Disziplin Luftkampf. In seinen mit Hilfe des Journalisten Erich von Salzmann verfassten Memoiren liest sich seine Auffassung von Heldentum wie folgt: »Fünfzig sind abgeschossen. Zweiundfünfzig fand ich besser. Deshalb schoss ich gleich am selben Tage zwei mehr ab.« An anderer Stelle heißt es markig: »Pardon kenne ich nicht mehr …«

Nun dienten die »Kriegsbücher« vornehmlich zur Förderung einer kriegsgünstigen Stimmung im Hinterland und es ist nicht ermittelbar, wie viel des ursprünglichen Textes von Salzmann dahingehend umgeschrieben wurde. Der für den eigentlichen Kriegsverlauf völlig unerhebliche Luftkrieg wurde damals für Propagandazwecke gebraucht, um Bilder von Ritterlichkeit und klassischen Heldenmut auch dort präsentieren zu können, wo tatsächlich nur ein widerlicher Grabenkrieg mit infernalischen neuen Waffensystemen tobte. Der junge Pilot agierte in dem zu erzählenden Heldenepos als tollkühner Draufgänger und bildhübscher Rittmeister von blauem Geblüt.

Zum Richthofen-Kult gehörte zudem, dass er bei seinen Flugzeugen auf jede Tarnfarbe verzichtete und sie stattdessen rot anmalen ließ. So zuletzt auch seinen Dreidecker vom Typ *Fokker Dr. I.* Über Flugzeuge dieses Typs behauptete er, sie seien »wendig wie die Teufel und klettern wie die Affen«, und tatsächlich waren sie im Luftkampf überlegen. So verdankte er seiner Taktik, seiner Skrupellosigkeit und seiner Maschine, dass ihn die Franzosen »diable rouge« oder »le petit rouge« nannten. Den Titel »Der Rote Baron« erhielt er erst nach dem Krieg, vermutlich zunächst im englischen Sprachraum, wo man den Titel Freiherr einfach mit Baron übersetzte.

Richthofen ließ zu, dass man ihn als »Weidmann« darstellte, der auf edle Weise das »Wild«, also die englischen Flieger, jagte. Diesem Heldentypus wurde – auch in der Autobiographie – der »Schießer« gegenübergestellt, der Spaß am Jagen hatte, aber das hehre Ziel, auch den Respekt vor den Toten, aus dem Auge verlor. Richthofen selbst verstand sich jedoch weniger als Ritter, sondern eher als kühler Techniker: »Es liegt nicht jedem Menschen, im letzten Augenblick noch die volle Geistesgegenwart zu behalten, ruhig zu zielen über Visier und Korn und Kopf aufsitzen zu lassen. Diese Art Menschenjagd muss tatsächlich geübt werden.«

Tollkühner Draufgänger und bildhübscher Rittmeister.

Doch der Jagdflieger suchte auch die Einkehr, inszenierte sich selbst – oder wurde inszeniert – als einsamen Helden: »Mir ist nach jedem Luftkampf erbärmlich zumute. Wenn ich meinen Fuß auf dem Flugplatz wieder auf den Boden gesetzt habe, dann mache ich, dass ich in meine vier Wände komme, will niemand sehen und von nichts hören. Ich glaube, so ist es wirklich, es ist nicht so, wie die Leute in der Heimat sich das vorstellen, mit Hurra und Gebrüll, es ist viel ernster, verbissener.«

Der große Schriftsteller Lars Gustafson meinte 1970, dass er kaum wisse, wie man Richthofens Lebensbeschreibung benennen solle: »›Zynisch‹? ›Naiv‹? ›Dürftig‹? ›Seltsam lebensvoll‹? Ja, und dann gerade deshalb, weil sie so dürftig ist.« Richthofen selbst soll über seinen Bestseller gesagt haben: »Wenn ich in dem Buch lese, grinse ich mich selbst so schnoddrig an. Jetzt ist mir gar nicht mehr schnoddrig zumute.« Einem Schriftsteller gegenüber bekannte er einmal: »Es ist ein eigenartiges Gefühl, da hat man wieder einmal ein paar Menschen totgeschossen, die liegen da irgendwo verbrannt, und selber setzt man sich, wie alltäglich, an den Tisch, und das Essen schmeckt einem ebensogut wie immer. Das sagte ich auch einmal zu Majestät, wie ich beim Kaiser zur Tafel befohlen war. Doch Majestät sagte nichts zu mir als: ›Meine Soldaten schießen keine Menschen tot, meine Soldaten vernichten den Gegner.‹«

All solchen Bedenken zum Trotz stieg der Flieger immer wieder auf – und wurde schließlich bei einer leichtsinnigen Verfolgungsjagd von australischen Bodentruppen abgeschossen. Richthofen konnte seine Maschine nicht mehr hinter die eigenen Linien zurückbringen, er starb noch im Flugzeug. Sein Leichnam wurde im französischen Bertangles unter großer Beteiligung von englischen Fliegeroffizieren mit allen erdenklichen militärischen Ehren beigesetzt, man ließ diese Beerdigung sogar filmen, der Film hat sich erhalten. Dies teilten die Alliierten den Deutschen kurz darauf via Flugblättern mit.

Hermann Paasche, der damalige Vizepräsident des Reichstages, erklärte wenige Tage nach Bekanntwerden des Abschusses vor dem Parlament: »Unser Fliegerkönig, Rittmeister Freiherr von Richthofen, ist von seinem letzten Kampfesflug nicht zurückgekehrt. Sie wissen alle, obgleich er erst ein Vierteljahrhundert alt, war er ein Nationalheros geworden, ein Vorbild für seine Truppe, ein Beispiel dessen, was ein tüchtiger Mann im Felde leisten kann.« Und dieser »Nationalheros« sollte nun lebendig gehalten werden. Noch im April 1918 gab es in Anwesenheit der Kaiserin Auguste Viktoria, die selbst mehrfach begeistert über den jungen Flieger gesprochen hatte, eine große Trauerfeier in der Alten Garnisonkirche. Dann endete schon bald der Krieg, doch der Kriegspilot wurde nicht vergessen.

Fünf Jahre nach seinem Tod wurde der Leichnam Richthofens auf Geheiß der französischen Militärbehörden auf den deutschen Soldatenfriedhof Fricourt verlegt, die Familie wollte ihn allerdings lieber in Deutschland wissen. Als der Reichswehrminister Otto Geßler davon erfuhr, ließ er dem Familienverband derer von Richthofen mitteilen, es sei eine »Ehrenpflicht des Reichsheeres«, für eine »Beisetzung an würdiger Stelle der Heimat« zu sorgen. 1925 wurden die Gebeine nach Deutschland überführt. Richthofen wurde aufgrund der »Ehrenpflicht« nicht wie seine Verwandten auf dem Friedhof in Schweidnitz, wo er aufgewachsen war, beerdigt, sondern auf dem Berliner Invalidenfriedhof.

Dem Begräbnis ging ein Staatsakt in der Gnadenkirche im Invalidenpark voraus, an dem der Reichspräsident Paul von Hindenburg, der Reichskanzler Hans Luther, der Reichswehrminister und viele andere hochrangige Politiker teilnahmen. Aus der Kirche brachte ein Trauerzug, den Hunderte Soldaten und Offiziere begleiteten, den Fliegerkorpus zu seiner groß angelegten Grabstätte auf dem Invalidenfriedhof. Die Grabanlage war mit einer mehrere Meter breiten, hohen Rückwand versehen, die in den Jahren nach der Grablegung von Ranken überwuchert wurde, in der Mitte davor ein riesiger Sarkophag, rechts und links davon absolut parallel größeres und kleineres gestutztes Buschwerk, das wirkt, als überwuchere es zwei weitere Gräber. 1926 spendierte ein Fliegerverein dem Sarkophag noch einen Deckstein, auf dem der Name Richthofen groß zu lesen ist.

Doch selbst jetzt konnten Richthofens Überreste keine Ruhe finden. Die Nationalsozialisten, in deren Unternehmungen zur Remilitarisierung Deutschlands der Mythos vom Roten Baron eine wichtige Rolle spielte, brauchten ihn. Ihr Reichskommissar für Luftfahrt, Hermann Göring, behauptete überdies steif und fest, er sei Richthofens engster Vertrauter gewesen, obschon man sich wahrscheinlich gar nicht kannte. 1937 ließen sie das Richthofen-Grab überarbeiten, nun prangte einzig das Wort »Richthofen« als meterlanger Schriftzug in moderner Typographie an der geputzten und geweißten, vormals überrankten Rückwand. Alle weitere Bepflanzung wurde abgetragen und die Flächen neben dem Sarkophag versiegelt. Die Grabstelle war von einer nationalistischen zu einer nationalsozialistischen umgebaut worden.

Damit war aber noch immer nicht Ruhe. In der DDR betrachtete man Richthofen zwar zu Recht nicht als Nazigröße, doch sein Grab lag innerhalb der Grenzanlagen und behinderte neue militärische Aktionen. Daher beschloss der Magistrat der Stadt Berlin im Jahr 1975, es wie viele andere Gräber einzuebnen. Als die Verwandten davon erfuhren, wurden Manfred von Richthofens Gebeine ein viertes Mal umgebettet. Wieder reisten sie in einen anderen Staat, diesmal nach Westdeutschland, denn inzwischen gab es ein neues Familiengrab in Hessen. Dort liegt Richthofen nun an der Seite seines jüngeren Bruders Bolko und seiner Schwester Elisabeth, seine Grabplatte ist nicht größer als die der anderen Familienmitglieder. Möge er endlich Frieden finden.

Bemerkenswert ist allerdings, dass, obschon das Grab entfernt wurde – die Grabstelle wurde selbstredend nicht wieder neu belegt –, seit 2009 wieder ein Gedenkstein für den fliegenden Rittmeister auf dem Invalidenfriedhof zu finden ist, vor dessen Errichtung der Richthofensche Familienverband immerhin um Erlaubnis gefragt wurde. Auf dem schlicht gehaltenen, so genannten Restitutionsstein, der allerdings größer ist als die meisten vergleichbaren Steine und der inmitten eines kleinen Buchsbaumgevierts liegt, steht in Großbuchstaben geschrieben:

Hier befand sich das Grab
des königl. preuß. Rittmeisters
u. Jagdfliegers des 1. Weltkrieges
Manfred Frhr. von Richthofen
»Der Rote Baron«
1892 –1918
1975 wurden seine sterblichen
Überreste auf den Südfriedhof
In Wiesbaden überführt

»Der rote Baron.« Es steht in der Mitte des Steins. In den Stein gemeißelt. Manfred von Richthofen wird es wohl für immer bleiben müssen, selbst wenn er es zu Lebzeiten nie war. Sein Leichnam, ja selbst seine leere Grabstelle, werden weiterhin dienen müssen. Phantasien über Heldentum und Ritterlichkeit bedienen. Und wenn schon nicht für Militaristen, so eben für Touristen.

Ein weiteres so genanntes »Fliegerass« des Ersten Weltkriegs wurde von den Nationalsozialisten unweit von Richthofens Grabstätte beerdigt, Ernst Udet. Er war nach Richthofen einer der bekanntesten und begabtesten Luftkrieger, vor der Remilitarisierung Deutschlands betätigte er sich sehr erfolgreich als Schauflieger und Gelegenheitsschauspieler. Udet wurde von seinem langjährigen Freund Carl Zuckmayer als eine Vorlage für die Figur des »General Harras« im Theaterstück »Des Teufels General« benutzt. Dieser General wird als ein Mitläufer des Naziregimes gezeichnet, der Distanz zur herrschenden Ideologie wahrt und sich schließlich für einen zum Widerstand gehörenden Freund aufopfert. Doch es ist wahrscheinlicher, dass Udet als hoher Nazifunktionär im Luftfahrtministerium schlicht überfordert war und daher 1941 den Freitod wählte – der erhebliche Konsum von Alkohol und Pervitin, einem Amphetamin, wird sein Übriges getan haben. Udets hinterlassene Karikaturen wenigstens belegen eine gewisse Distanz zur nationalsozialistischen Führung, die seine Arbeit für das Kriegsregime jedoch kaum einschränkte. Seinem früheren Fliegerfreund Göring hinterließ er an seinem Sterbeort die Nachricht: »Eiserner, du hast mich verlassen.«

Hitler verabschiedete den beliebten Piloten, dessen Tod man als tragischen Unfall darstellte, selbstverständlich in einem Staatsakt. Anschließend sollte Richthofens Ruhm auch dem Ruhme Udets dienen, und beider Ruhm wiederum der NS-Führung. Daher wurde er unweit von Richthofen beerdigt. Es kam den NS-Größen dann beinahe gelegen, dass der junge Jagdflieger Werner Mölders, mit 28 Jahren schon einer der höchstdekorierten Soldaten der Luftwaffe, auf dem Weg zu Udets Beerdigung abstürzte und starb, sodass ein weiterer so genannter Fliegerheld an Udets Seite ruhen und für militaristische Erbauungsspektakel in Anspruch genommen werden konnte.

Dennoch verhielt sich die nationalsozialistische Diktatur ambivalent zur Militärruhestätte. So schreibt der Förderverein Invalidenfriedhof, der sich seit dem Mauerfall um das Gelände, die Aufarbeitung seiner Geschichte und die Gräber kümmert: »Einerseits galten die preußischen Eliten als reaktionär, der Friedhof sollte überbaut werden. Andererseits gab es Planungen, die wichtigsten Grabmäler des Invalidenfriedhofes in einer riesigen, überwölbten ›Soldatenhalle‹ aufzustellen.« In den Bauzeichnungen für Albert Speers »Welthauptstadt Germania«, zu der die Stadt Berlin nach einem gewonnenen Zweiten Weltkrieg hätte werden sollen, war sogar vorgesehen, den Invalidenfriedhof für ein großes Wasserbecken zu fluten. Trotzdem wurde auch der 1942 von tschechischen Widerständlern getötete Chef der Sicherheitspolizei und des Sicherheitsdienstes, Reinhard Heydrich, hier beigesetzt. Es war die größte Totenfeier der Nazizeit seit dem Staatsbegräbnis für den Reichspräsidenten Paul von Hindenburg. Heute ist vom Grab des Mannes, der als Hauptorganisator des Holocaust gilt, nur ein kleines Stückchen übrig. Dort finden sich trotz seiner immensen Verbrechen manchmal Blumen und Grableuchten.

Außerdem wurde Fritz Todt, der Reichsminister für Bewaffnung und Munition, der 1942 infolge eines Unfalls starb, dort beerdigt. Es war allerdings vorgesehen, beide Toten umzubetten, sobald eine Ruhmeshalle für verdiente NS-Schergen errichtet sein würde, daher waren beider Gräber recht schlicht gehalten. Zur Umbettung kam es nicht. Daher konnte die Tochter von Todt 2004 durch die Anrufung eines Gerichtes durchsetzen, dass auf dem Grab ihres Vaters ein Restitutionsstein aufgestellt wurde. Diese einheitlich großen Steine sollten eigentlich dazu dienen, Gräber für die Verwandten (die dafür zahlten) wieder sichtbar zu machen oder an besonders verdienstvolle Tote zu erinnern. Der Nationalsozialisten wollte man auf diese Weise nicht gedenken. Doch nun lag just ein solcher Stein an der Stelle, an der Fritz Todt beerdigt worden war. Wenige Jahre danach ist er wieder abgeräumt worden.

Auf dem Invalidenfriedhof sind gleichfalls einige von den Nazis ermordete Widerstandskämpfer aus dem soldatisch geprägten Kreis um Graf Stauffenberg, der Hitler am 20. Juli 1944 mittels einer Bombe töten wollte, bestattet, etwa Fritz von der

Lancken, der seine Villa in Potsdam dem Kreis für konspirative Treffen und zeitweise sogar als Versteck für den Sprengstoff, den Stauffenberg beim Attentat verwendete, zur Verfügung stellte. Im September 1944 wurde der 58-Jährige Familienvater von der Lancken in einem Schauprozess vor dem Volksgerichtshof unter dem Blutrichter Roland Freisler zum Tode verurteilt und noch am gleichen Tag in der Gefängnisanlage Plötzensee erhängt. Seine Grabstelle im Familiengrab ist erhalten.

Auch der ebenfalls dem Kreis der Verschworenen zugerechnete Wilhelm Staehle, der zudem der letzte Kommandant der Stiftung Invalidenhaus war, die sich nach dem Ersten Weltkrieg um den Friedhof kümmerte, wurde hier beerdigt. Staehle war spätestens seit 1937, seit seinem sechzigsten Lebensjahr, zusammen mit seiner Frau Hildegard an konspirativen Zirkeln gegen den Nationalsozialismus beteiligt, er hielt auch Kontakt zum niederländischen Widerstand. Die Nazis verhafteten ihn im Juni 1944, konnten ihm jedoch nur wenig nachweisen und verurteilten ihn zu zwei Jahren Haft. Am 23. April 1945 wurde Staehle dennoch von einem Sonderkommando des Reichssicherheitshauptamtes in der Nähe des Gefängnisses, in dem man ihn eingesperrt hatte, durch Genickschuss ermordet. Sein Grab, in dem er mit seiner nur wenige Monate nach ihm verstorbenen Gattin liegt, ist ebenfalls erhalten, 2012 wurde es neu gestaltet, seitdem weist eine Tafel auf die Widerstandstätigkeit hin.

Wie schon gesagt, sind Teile der Hinterlandmauer, die den Friedhof durchschnitten hat, stehen geblieben. Sie ist nicht nur historische Randbebauung des heutigen Mauerweges, auch gemahnt sie an die Toten, die in diesem Bereich des vom Regime so genannten »antifaschistischen Schutzwalles« starben. An diese wird zudem vermittels dreier Tafeln gedacht, die am nördlich gelegenen Mauerstück aufgestellt sind. Über einer Tafel, auf der Presseberichte aus Ost und West dokumentiert sind, prangt groß

Hinterlandmauer

der Dostojewski-Satz: »Alle sind an allem schuld«. Er erschließt sich mir nicht, egal, wie lange ich davor stehe.

Bereits kurz nach Errichtung der Mauer, im Mai 1962 wurde am Invalidenfriedhof scharf geschossen. Der vierzehnjährige Wilfried Tews überwand die Grenzbefestigungen und wollte durch den Kanal schwimmend aus der DDR fliehen. Die Grenzsoldaten eröffneten das Feuer, sieben Kugeln trafen Tews. Der schwerverletzte Junge überlebte nur knapp. Er konnte aus dem Kanal geborgen werden, da West-Berliner Polizisten, die die Anweisung hatten, Fliehende zu retten, nun ihrerseits auf die sozialistischen Grenzer schossen. Dabei wurde ein Ostberliner Gefreiter tödlich verletzt, zwei weitere ostdeutsche Soldaten wurden verwundet. Sofort wurde der Vorfall von der DDR-Führung genutzt: »Westberliner Mordkommando erschoss vorsätzlich DDR-Grenzposten Peter Göring«, schrieb das Neue Deutschland auf der Titelseite (dokumentiert auf einer der oben erwähnten Tafeln) und weiter: »Berliner Arbeiter erklären: Jetzt erst recht für den Schutz der Staatsgrenze und die Sicherung des Friedens!« Göring wurde zu einem Märtyrer des jungen sozialistischen Staates verklärt, man benannte Schulen und Straßen nach ihm.

Zwei Jahre nach Tews versuchte der neunundzwanzigjährige Walter Heike über den Invalidenfriedhof in den Westen zu gelangen. Obwohl ein Wachhabender Warnschüsse abgab, überwand Heike die Hinterlandmauer und versuchte zum Kanal zu gelangen. An der dortigen Mauer jedoch wurde er von einem Schuss getroffen und starb noch am Ort. Die Behörden informierten die Familie, über die Todesumstände ließen sie jedoch nur verlautbaren, dass Heike durch eigenes Verschulden gestorben sei.

Paul Stretz war Westberliner. Der Einunddreißigjährige feierte im April 1966 am Ufer und wollte sich bei Nachmittagswärme im Kanal, der auf DDR-Gebiet lag, abkühlen. Alle Warnungen verfingen bei ihm nicht, die Grenzposten der DDR entdeckten ihn und eröffneten das Feuer, wohl auch, da sie ihn für einen Flüchtling hielten. Paul Stretz wurde von vier Kugeln getroffen und starb sogleich. Die überaus erregten Grenzsoldaten gaben insgesamt über 170 Schüsse ab.

Vier Monate später starb Heinz Schmidt beinahe auf dieselbe Weise. Der geistig eingeschränkte Mann, der in einem Heim in Wedding lebte, schwamm vom Nordhafen in den südlichen Teil des Kanals, obschon ihn Angler und Westberliner Polizisten bedrängten, sofort das Wasser zu verlassen, schwamm er weiter. Er erreichte das östliche Ufer und verbarg sich dort zunächst, da bereits Schüsse auf ihn abgegeben worden waren. West-Berliner Polizisten versuchten den Grenzern auf der anderen Seite zu versichern, dass es sich hier um einen harmlosen Betrunke-

Gnadenkirchenglocke

nen handele (wie sie annahmen), dennoch eröffneten diese das Feuer, als Schmidt sich wieder in den Kanal gleiten ließ, und in Richtung Nordhafen zurückschwamm. Auf der Höhe des Invalidenfriedhofes wurde er von mehreren Schüssen getroffen und starb.

In den Folgejahren wurde am Invalidenfriedhof zwar niemand mehr ermordet. Die Fluchtversuche wurden an dieser Stelle seltener. Dennoch rüstete die DDR die Grenzmaschinerie immer weiter hoch. Hier waren die Grenzer allzeit bereit.

Der Invalidenfriedhof spiegelt mit all seinen Toten, mit allen Ermordeten und Mördern die deutsche Militärgeschichte der letzten drei Jahrhunderte wider. Hier findet man sie mit allen Höhen und Tiefen, mit aller Vereinnahmung und allen Verletzungen der Totenruhe, mit all den Schwierigkeiten, die die Hinterlassenschaften der jeweiligen Herrschaftsformen mit sich brachten. »Ein Ort der Gewalt«, schrieb der Schriftsteller Uwe Timm.

Heute ist der Flecken dagegen beinahe trügerisch idyllisch – liegt hier auch noch ein Heydrich im Grab, stellt hier eine Ewiggestrige eine Kerze ans Grab eines »Luftritters«, macht dort ein Jugendlicher dümmliche Mauerwitze. All diese Leute wird die Begräbnisstätte überwinden, sie hat schon Könige, Kaiser, »Führer« und Generalsekretäre kommen und gehen sehen.

Neuerdings wird dieser Gräberpark zudem ein Ort für Künstlerisches. So wurde 2013, dem Haupteingang gegenüber, an der Kanalseite, ein stählerner, ganz modern spitz zulaufender Glockenturm errichtet, in dem die einzig erhaltene Glocke der ehemaligen Gnadenkirche aufgehängt ist. Der Sinn dieses Kunstwerkes an dieser Stelle erschließt sich nur bedingt, zumal sich für dieses Denkzeichen der frühere Standort der Kirche im Invalidenpark zweifellos mehr angeboten hätte. So wird aber irgendwie auch der Kirche und der Toten, des Weltkriegs und der Deutschen Teilung, der Gnade und der Invaliden gedacht. Wenn's der Wahrheitsfindung dient, so soll es damit gut sein.

Der Sinn dieses Kunstwerks erschließt sich nur bedingt.

Ein Platz der Literatur ist der Friedhof ebenso geworden – Wolfgang Herrndorfs kurze Beschreibungen dieses Ortes in seinem Journal »Arbeit und Struktur« wurden schon erwähnt. In der Novelle »Die Berliner Antigone«, die 1963 erschien, lässt Rolf Hochhuth die titelgebende Protagonistin ihren Bruder, der von den Nazis hingerichtet wurde, wider die Gesetze auf dem Invalidenfriedhof begraben.

Im Roman »Halbschatten« erinnert Uwe Timm an die früher sehr berühmte Fliegerin Marga von Etzdorf, die sich im Mai 1933, mit gerade mal fünfundzwanzig Jahren, in Syrien erschoss. Marga von Etzdorf war Kunst- und Passagierfliegerin, ihre knallgelb gespritzte Junckers-Maschine, die sie »Kiek in die Welt« nannte, sorgte schnell für Furore. Nachdem sie 1931 einen weithin bejubelten Rekordflug von Berlin nach Tokio unternommen hatte, den sie in nur elf Flugtagen absolvierte, war sie berühmt. Aufgrund eines Absturzes auf dem Rückflug hatte sie allerdings mit einer Wirbelsäulenverletzung zu kämpfen. Dennoch brach sie 1933 zu einem weiteren Rekordflug auf, diesmal sollte es nach Australien gehen. Bei der Landung unweit von Aleppo aber ruinierte sie ihre Maschine. Ihre Karriere als Fliegerin schien beendet. Daher erschoss sie sich noch am Flughafen. Ihr Grabstein auf dem Invalidenfriedhof trug die von ihr bestimmte Widmung: »Der Flug ist das Leben wert«. Er wurde 2003 rekonstruiert, ihr Grab war wie das von Manfred von Richthofen in den Siebzigerjahren den Grenzbefestigungen zum Opfer gefallen. Uwe Timm erweckte die Pilotin im Jahr 2008, die hier als »Fliegerin, ein wenig einsam unter all den Männern« liegt, zu einem neuen literarischen Leben. Nun kann dieser Heldin der Lüfte, die keine Luftkämpfe für ihren Ruhm brauchte, wieder gedacht werden.

Wir verlassen den Friedhof durch den Südausgang und stoßen knapp außerhalb der Anlage auf eine Tafel. Auf dieser steht:

Grabstein von Etzdorff

»Wer hier steht, gedenke der vielen Ärzte und Medizinstudenten in Uniform, der Pepins, Pfeifenhähne, wie die Berliner sie nannten, die aus der 1795 errichteten Pépinière, seit 1905 aus der Militärärztlichen Akademie hervorgegangen sind und als Sanitätsoffiziere und Fahnenjunker (san.) aus den Kriegen, zuletzt dem 2. Weltkrieg 1939–1945 von ihrem aufopfernden militärärztlichen Einsatz für Verwundete, Sterbende, Kranke und für Jedermann nicht in die Heimat zurückkehrten. Sie folgten dem Auftrag ihres ärztlichen Berufes und der Akademie. ›Scientiae–Humanitati–Patriae‹«

Das Vaterland. Wir werfen noch einen Blick über die Schulter, auf die eingeebneten und verwüsteten Grabstellenreste auf der Wiese und auf die verstreut daraus aufragenden Grabmonumente. Das Vaterland. Hier lässt es sich mit allen Schrecken finden.

Eine ähnlich merkwürdige Gräberanlage wie den Invalidenfriedhof gibt es übrigens wenige Kilometer entfernt in der alten Stadtmitte. Der alte Jüdische Friedhof an der Großen Hamburger Straße wurde vom Ende des 17. Jahrhunderts an für Beerdigungen genutzt, 1827 schloss man ihn, da per Verordnung verfügt worden war, dass es keine innerstädtischen Grablegen mehr geben solle. Bis dahin waren auf dem nicht ganz einen Hektar großen Gebiet rund dreitausend Menschen beerdigt worden. Das neben dem Eingang liegende jüdische Altenheim nutzte die Gräberfelder dann bis zum Zweiten Weltkrieg als eine Art Park.

Doch das sollte nicht so bleiben. 1942 beschlagnahmte die Gestapo das Gebäude des Altenheims und richtete dort ein so genanntes Sammellager ein, von welchem aus über 50.000 jüdische Bürger Berlins in die Vernichtungslager abtransportiert wurden. Im Jahr darauf wurde das Haus zerstört. Der danebenliegende Friedhof wurde geschändet, die Gebeine der Toten »entsorgt« – eine besondere Perfidie gegen Juden, da einige Religiöse meinen, der ganze Körper stehe wieder auf, wenn der Messias erscheint, denn schließlich betet man: »Gelobt seist du Ewiger, der die Toten wieder belebt.«

Die Grabsteine wurden benutzt, um einen »Splittergraben« anzulegen, der den in der Nachbarschaft lebenden Deutschen einen Schutz vor Bombensplittern bieten sollte. Nach dem Krieg sind diese letzten erhaltenen Grabsteine verschwunden, bis auf fünfzehn Stück, die in einer Begrenzungsmauer eingelassen waren und zum Schutz vor der Witterung auf den Jüdischen Friedhof Weißensee verbracht wurden, nun aber wieder zurückgekehrt sind. Diese Steine sind nun die ältesten Grabsteine der im 17. Jahrhundert gegründeten jüdischen Gemeinde.

In den letzten Kriegstagen setzte man auf dem Gelände rund zweitausendfünfhundert bei den Bombardements verstorbene Menschen in Massengräbern bei. 1948 wurden die Gräberfelder wieder der Jüdischen Gemeinde übergeben. Diese legte zunächst einen Park an, 2008 jedoch wurde der Friedhof wieder als ein solcher instandgesetzt. Dort gibt es jetzt neben den Gedenktafeln, die an die Geschichte des Ortes erinnern, nur einen einzigen Grabstein. Dieser erinnert an den 1786 verstorbenen Philosophen Moses Mendelssohn, es ist der insgesamt dritte Stein für dessen Grab, er wurde 1990 aufgestellt, steht aber nur in etwa dort, wo sich Mendelsohns Grab befunden hat.

Der Jüdische Friedhof an der Großen Hamburger Straße wirkt noch merkwürdiger als der Invalidenfriedhof, doch auch er ist auf vielfache Weise mit der deutschen Geschichte verbunden. Anders als auf der hellen Militärbegräbnisstätte, in der die Mauerreste und die vergammelnden Hinweisschilder auf die Toten an der deutsch-deutschen Grenze zwar aufrütteln, aber nicht bedrohlich wirken, überkommt einen auf diesem Totenacker ein großes Unwohlsein. Nicht nur der umstehenden Mietshäuser und der großen Bäume wegen, die den Ort selbst an Sommertagen merkwürdig dunkel halten. Nein, man ahnt es schon: Selbstredend haben Idioten in den Stein für Mendelssohn, den großen Versöhner, Hakenkreuze eingeritzt.

Adresse

Invalidenfriedhof, Scharnhorststraße 9, 10115 Berlin
Geöffnet März bis September täglich von 7 bis 21.30 Uhr,
Oktober bis März täglich von 7 bis 18.30 Uhr

Der Grabhügel

4

Sowjetisches Ehrenmal

Wo Menschen Helden sind

Der richtige Weg zum Sowjetischen Ehrenmal am Treptower Park führt über einen Umweg. Ein Besuch beim Deutsch-Russischen Museum Berlin-Karlshorst ist zuvor ratsam. Man sollte sich die nicht ohne Willen zum Triumph aufgestellte Sammlung von Großwaffen ansehen, die neben und hinter dem Museum stehen – Kettenfahrzeuge, ein Katjuschawerfer, der von der Wehrmacht als so genannte »Stalin-Orgel« sehr gefürchtet wurde, oder ein Panzer auf einem Podest mit geradezu erigiertem Rohr, auf dem in kyrillischer Schrift »Für die Heimat« steht.

Im Museum selbst erfährt man viel über die Gräueltaten der Wehrmacht und der SS, über die Verbrechen der Sowjetarmee und über die Strapazen der Befreiung. Zuletzt kommt man in den Raum, in dem in der Nacht vom 8. auf den 9. Mai 1945 die bedingungslose Kapitulation Deutschlands besiegelt wurde. Dort ist auch ein Film zu sehen – Wilhelm Keitel, jener Generalfeldmarschall, der Hitler bis zuletzt die Vasallentreue hielt, unterschreibt in Anwesenheit von Abgeordneten aller alliierten Siegermächte das entsprechende Dokument. Dann, das ist in dem Film nicht zu sehen, so berichten es jedoch viele Anwesende, war der Kriegsverbrecher irritiert, dass er nicht mehr an der Siegesfeier teilnehmen durfte – sein Wehr- und Ehrbegriff ermöglichte es ihm, noch im Augenblick der Kapitulation zu glauben, er befinde sich in diesem Saal unter Seinesgleichen. »Meine Ehre heißt Treue« lautete der Wahlspruch der SS. Es hätte heißen müssen: »Ich bin dumm und brutal aus einem völlig falschen Ehrverständnis heraus.« Keitel jedenfalls wurde herausgeführt, hier wurde ein Krieg nicht mehr mit einem Glas Sekt unter bis eben verfeindeten Generalskollegen beendet wie ein Sandkastenkriegsmanöverspiel, im Gegenteil, die Feindschaft überdauerte das Kriegsende. Die Herren Generäle wurden auch nicht einfach aus der Kriegsgefangenschaft entlassen, sondern in Nürnberg vor eine Art Weltgericht gestellt. Denn hier hatte das grundsätzlich Gute über das grundsätzlich Böse gesiegt.

Wie wir wissen, zerfiel die Allianz der Siegermächte rasch, auf den Zweiten Weltkrieg folgte der Kalte Krieg und in Berlin wurde eine Mauer gebaut. Doch die Kälte des kalten Krieges zog anfänglich nur ganz langsam auf. Zunächst ging es in der deutschen Hauptstadt um das Allernötigste. Die Bevölkerung lebte in einer Ruinenstadt, die Ernährungslage war katastrophal, eine politische Verwaltung musste erst wiedererrichtet werden. Aber die Sowjets hatten noch etwas Dringlicheres zu tun. Rund 80000 Sowjetsoldaten waren bei der so genannten Schlacht um Berlin, in den allerletzten Kriegsmonaten, ums Leben gekommen, insgesamt kosteten die letzten Kämpfe allein in Berlin weit über 200.000 Menschen das Leben.

Um ihre Toten in angemessener Weise zu beerdigen und ihnen zu danken, entschied sich die Führung der Sowjetarmee dazu, in Berlin vier große Kriegsgräberstätten zu errichten, die zugleich der Heldenverehrung dienen sollten. So entstanden die Sowjetischen Ehrenmäler. Das erste Ehrenmal wurde noch 1945 im Großen Tiergarten, unweit des Reichstags errichtet, direkt an der heutigen Straße des 17. Juni, zwei weitere erbaute man in Pankow, in der Schönholzer Heide und im Bucher Schlosspark. Das größte und zentrale Ehrenmal allerdings wurde ab Sommer 1946 im Treptower Park errichtet. Am 8. Mai 1949 fand die feierliche Einweihung statt.

Man betritt die Anlage durch einen großen Torbogen, entweder von der Puschkinallee oder von der Straße Am Treptower Park her kommend. Schon die Wucht der Bögen demonstriert die Erhabenheit der Kultstätte. Über dem Durchgang liest man auf Russisch und Deutsch jeweils neben einem Lobeer-, also Siegerkranz, in dem nur »1945« steht, das Folgende: »Ewiger Ruhm den Helden, die für die Freiheit und Unabhängigkeit der sozialistischen Heimat gefallen sind.« Von der zum Park hin gelegenen Seite liest man, ebenfalls in beiden Sprachen, folgende apodiktische Setzung: »Eure großen Heldentaten sind unsterblich. Euer Ruhm wird Jahrhunderte überleben. Eure Heimat wird Euch stets in Erinnerung behalten.« Dass beide Sprache benutzt worden sind, liegt daran, dass die Anlage immer zwei Zwecken dienen sollten – der Feier der Verstorbenen und der Ermahnung der Besiegten. Das planende Kollektiv, bestehend aus der Ingenieurin Sarra S. Walerius, dem Architekten Jakow S. Belopolski, dem Bildhauer Jewgeni Wutschetitsch und dem Maler Alexander A. Gorpenko, hatte bei diesem Bauwerk stets diese Doppelfunktion im Blick.

»Ewiger Ruhm den Helden, die für die sozialistische Heimat gefallen sind.«

Dort wo die Wege von den beiden Eingängen her zusammentreffen, ist eine übergroße »Mutter Heimat« aufgestellt, die symbolträchtig um ihre gefallenen Söhne trauert. Wutschetitsch war spezialisiert auf »Mutter Heimat«-Figuren, die beiden gigantischen Statuen in Wolgograd und vor allem in Kiew, die später errichtet wurden, gehen auch auf ihn zurück.

Nun biegt man in den sehr breiten Hauptgang ein, und geht auf ein Portal zu, das von hoch aufragenden Granitbauten gebildet wird. Sie stellen rote Fahnen dar, die dem Weg hin zugeneigt sind, oben in der Ecke prangen selbstredend Hammer und Sichel. Vor den Fahnen, direkt am Wegesrand, zwei kniende Soldaten, sie zeigen Demut vor dem heroischen Tod ihrer Kameraden und erweisen diesen die letzte Ehre.

Spätestens hier bin ich plötzlich ergriffen. Aufgewachsen in Ostwestfalen, in der Nähe eines ehemaligen Lagers für sowjetische Kriegsgefangene, dem Stammlager 326 (VI K) Senne, in dem um die 65.000 von ihnen umkamen. Als ich aufwuchs redete man nicht darüber. Außer, das Bier löste die Zunge, dann erfuhr ich, dass nahezu jeder Bauernhof »seinen Russen« gehabt hatte. Das alljährliche Gedenken an diese Menschen, die bei der Ernte halfen und bei der Tierpflege und denen es selbst schlechter erging als den Kühen und Schweinen, wurde von den meisten Nachbarn verdammt. Es war eine »Kommunistenveranstaltung«, oder auch »Propaganda«. Mein Vater beschrieb zwar die Leiden der »Russen«, und beschönigte nichts, doch zum Gedenken ging auch er nicht, die Nachbarn beäugten dergleichen sehr genau. Der Pubertierende, der ich war, fühlte sich daher magisch angezogen davon und in meiner kleinen Welt malte ich mir eine ruhmreiche Sowjetarmee aus, die uns eines Tages alle befreien würde. Wie wir wissen, kam es anders, gab es diese heroische Rote Armee so auch nie. Doch noch immer habe ich dieses Bild im Gedächtnis und kann mich diesem Sowjetpathos nicht einfach entziehen.

Ist man zwischen den beiden knienden Soldaten hindurchgeschritten, sieht man herab auf fünf stilisierte Grabanlagen, die seitlich von sechzehn weißen Kalksteinsarkophagen eingerahmt werden, auf denen das Leid und die Befreiung des sowjetischen Volkes in allegorischen Bildern dargestellt werden, jeweils mit einem Sinnspruch verstehen, als deren Verfasser Joseph Stalin ausgewiesen wird. Bei der aufwendigen Renovierung, die der Gedenkstätte vor ein paar Jahren zukam (ihr Erhalt ist im Wiedervereinigungsvertrag des Jahres 1990 festgeschrieben), wurden alle Lettern der Gedenksprüche nachvergoldet, auch der Verfassername. Dass Stalin hier überhaupt namentlich erwähnt wird, verwundert, denn nachdem Nikita Sergejewitsch Chruschtschow 1956 die Stalinsche Terrorherrschaft öffentlich angepran-

Die Hauptanlage

Eiserner Kranz

gert hatte, verschwanden alle Verweise auf das zuvor so geliebte »Väterchen« in der DDR aus dem öffentlichen Raum.

Doch nicht nur das ist bemerkenswert. Auch in den allegorischen Darstellungen ist etwas zu sehen, das in der Sowjetunion und teilweise bis heute immer beschwiegen wird. Eine Frau trägt zerwühlte Kleider, die sie empört zusammenhält. Das ist eindeutig ein Sinnbild für die zahllosen sexuellen Übergriffe, die vonseiten der Wehrmacht und der SS in der Sowjetunion stattfanden. Freundinnen und Freunde der Wehrmacht bestreiten ja wider besseres Wissen bis heute, dass es diese gegeben habe, während sie nicht müde werden, die Vergewaltigungen deutscher Frauen durch Angehörige der Sowjetarmee zu verurteilen, die ebenfalls nicht bestritten werden können. Es gibt bis heute auch kaum Forschungsliteratur zu dem Thema – in den Staaten, die sich auf dem Gebiet der früheren Sowjetunion gebildet haben, ist dies übrigens genauso. In der Sowjetzeit selbst wurde den Vergewaltigungsopfern in einer völligen Verdrehung der Tatsachen oft vorgeworfen, sie hätten mit den Wehrmachtsoldaten fraternisieren wollen. Einige Frauen wurden daher zu doppelten Opfern, weil sie für die erlittene Vergewaltigung zudem noch bestraft wurden. Nur ein Machohirn kann sich derartiges ausdenken.

Frauen werden, aus einer archaischen Männlichkeitslogik heraus (die auch nicht dadurch abgemildert wird, dass in der Roten Armee sehr viele Frauen »für das Vaterland« kämpften und vielleicht auch im Treptower Park beerdigt sind), im Krieg als »Beute« betrachtet, die Vergewaltigung einer Frau gilt als symbolischer Sieg über den – immer männlich konnotierten – Gegner, man hat ihn »gehörnt«. Das soll hier nicht weiter vertieft werden, ist jedoch wichtig für die Betrachtung dieser allegorischen Darstellung. Da die leitenden Sowjets diesen »symbolischen Sieg« des Gegners nicht akzeptieren wollten, durften die von Deutschen vergewaltigten Frauen nicht darüber sprechen. Ihr Leid wurde in der Sowjetunion so gut wie nie thematisiert. Umso bemerkenswerter ist es, dass eine derartige Darstellung gerade in dieser in jeder Hinsicht als wichtigstes Ehrenmal geplanten Anlage überhaupt vorkommt.

Am Ende der ohnehin gewaltigen Anlage erhebt sich das gewaltigste Monument, das schon durch seine schiere Größe beeindrucken soll. Auf einem Grabhügel (der tatsächlich ein Grabhügel ist) ist ein Pavillon errichtet, der innen überaus reich mit einem Mosaik ausgeschmückt ist, das noch einmal viele Vertreter von Bevölkerungsschichten der Sowjetunion in einer Trauerszene zeigt, sie stehen oder knieen um einen geschmückten Sarg herum, ihr Blick allerdings ist auf das Zentrum des Pavillons gerichtet, wo ein schlichter flacher Stein steht,

Am Ende der ohnehin gewaltigen Anlage erhebt sich das gewaltigste Monument.

Gesenkte Rote Fahne, kniender Soldat und Mutter Heimat

auf dessen Viereck ein metallener Kranz montiert ist – in dessen Mitte kann eine einfache Blume liegen.

Auf dem Pavillon ist eine ebenfalls von Wutschetitsch geschaffene riesige Heldenfigur zu sehen, für die der sowjetische Soldat Iwan Odartschenko und das kleine Mädchen Swetlana Kotikowa, die die Tochter des damaligen Stadtkommandanten Alexander Kotikow war, Modell gestanden haben. Der Held trägt auf dem linken Arm ein kleines Mädchen, das sich an ihn klammert, in der Rechten hält er gesenkt, also nicht mehr in drohender Haltung, ein Schwert, das man als Schwert der Gerechtigkeit bezeichnen könnte. Unter seinem linken Stiefel zerbricht gerade ein Hakenkreuz, während er, davon scheinbar unberührt, in die Zukunft blickt. Hügel, Pavillon und Heldenfigur sind zusammen dreißig Meter hoch und überragen alles.

In der DDR war eine Erzählung sehr beliebt, derzufolge der Sergeant Nikolai Iwanowitsch Massalow (1921–2001) am 30. April

1945 unter Einsatz seines eigenen Lebens ein kleines Mädchen in der Nähe der Potsdamer Brücke aus dem Schussfeld gerettet hatte. Anders als andere Heroengeschichten ist diese Geschichte verbürgt, daher ist Massalow zu Ehren auch eine Gedenktafel an der heutigen Potsdamer Brücke angebracht. Ob die Geschichte tatsächlich Pate für die Skulptur stand, ist aber zu bezweifeln, da Wutschetitsch selbst mehrfach beteuert hat, dass seine Skulptur allein allegorischen Charakter habe. Mit dem Kind auf dem Arm und dem gesenkten Schwert steht die Figur des Helden zugleich für Frieden und Zukunft, zieht man in Betracht, dass das Kind ein deutsches sein könnte, so steht es sogar für eine Art Versöhnung.

In der DDR wurde dieses Denkmal so genutzt, wie es sich die Erbauerin und die Erbauer vorgestellt hatten, es war ein zentraler Gedenkort der so genannten deutsch-sowjetischen Freundschaft. Bis 1989 wurden immer wieder Gruppen von Schülerinnen und Jungpionieren hergeführt, um sich den heroischen Befreiungskampf des sozialistischen Bruderlandes vor Augen zu führen. Seit dem Mauerfall gibt es hier noch immer – am 9. Mai – eine Gedenkfeier für den Tag der Befreiung. Allerdings findet diese Feier auf einem angrenzenden Parkplatz statt, aus Gründen der Pietät. Und selbstverständlich können sich einige Ewiggestrige nicht zurückhalten, so dass es an diesem Ort, der ja für Nazis tatsächlich demütigend ist, immer wieder zu Sachbeschädigungen kommt, auch werden immer wieder Schmähparolen gesprüht.

Bei all dem wird oft vergessen, dass diese Anlage nicht nur symbolisch an Gefallene erinnert. In dem Grabhügel und in den angrenzenden Hainen (nicht aber in den oben erwähnten stilisierten Grabanlagen) sind rund 7.000 sowjetische Soldaten beerdigt. Sie bleiben allerdings namenlos, kein Schild erinnert an ihre Namen, ihre Herkunft, ihre Lebensdaten. Während auf dem Ehrenmal im Großen Tiergarten die Namen der dort Ruhenden aufgelistet sind und Offiziere sogar eigens hervorgehoben wur-

Allegorische Darstellung

den, findet sich im Ehrenmal im Treptower Park kein Hinweis auf Einzelschicksale.

Nun ist es im Krieg ja leider so, dass er viele Menschen derart verstümmelt, dass nicht mehr gesagt werden kann, wer eigentlich wer war, auch werden viele Körper so zerfetzt, dass die einzelnen Teile einem bestimmten Leichnam gar nicht mehr zugeordnet werden können. Zudem gehen Einsatzlisten und Marschbefehle unter Beschuss verloren, sind einzelne Gefechtspositionen unter den chaotischen Bedingungen des Häuserkampfes oft nicht mehr zu bestimmen. So werden die Eltern, die Geschwister, die Liebsten oft nie erfahren, wo genau die sterblichen Überreste eines Menschen verscharrt worden sind. Wir kennen alle die Gräber und Gedenksteine für die Namenlosen Soldaten, die oft genug in Eile in einem Massengrab verscharrt wurden.

Doch verhält es sich hier meines Erachtens ein bisschen anders. Zwar hat die Sowjetunion viele Helden verehrt, auch wenn diese später oft in Ungnade fielen. Als bestes Beispiel dafür mag der Marschall Georgi Schukow gelten, der die Truppen der Roten Armee befehligte, die Berlin befreiten, und der als Vertreter der Sowjetunion die Kapitulation von Keitel entgegennahm. Nach dem Krieg wurde er zunächst von Stalin degradiert, da dieser dem Kriegshelden den Ruhm neidete (und weil Schukow sich nachweislich persönlich im Krieg bereichert hatte). Chruschtschow reaktivierte ihn, um ihn hernach, als er zu machtvoll wurde, seinerseits wieder abzusetzen. Heute erinnert ein pompöses Denkmal in Moskau an ihn. Man spielte gewissermaßen Pingpong mit Schukows Heldenstatus. Doch trotz der manchmal geradezu kindischen Verehrung, die die sowjetische Führung ihrem Volk für ihre Helden abverlangte, neigte das Politbüro in der Regel nicht dazu, verstorbene Militärs in einer Weise zu ehren, wie es etwa die Preußen auf dem Invalidenfriedhof taten.

Gerade die Rote Armee berief sich für ihre Toten auf das sozialistische Gleichheitsprinzip, das von jeder Sowjetbürgerin und jedem Sowjetbürger forderte, sein Leben ganz in den Dienst der gemeinsamen Sache zu stellen. Es gibt eine Szene in Alexander Fadejews auch in der DDR sehr beliebten Roman »Junge Garde«. Darin schildert er eine Beerdigung, bei der deutsche Peiniger junge Komsomolzen erst foltern und dann lebendig begraben, doch selbst im Grab und unter der Erde noch singen die tapferen Kommunisten Loblieder auf ihre Heimat. Damit hatte Fadejew nicht etwa eine besonders krude Metapher für die Vaterlandsliebe gewählt, er hatte lediglich ein Bild gefunden für das, was die Sowjetunion und gerade die Sowjetarmee von ihren Untergebenen verlangte – Selbsthin-

Die Überlebenden befreien die Toten mit.

Blick vom Hügel

gabe, Selbstaufgabe, das Individuum geht in der Masse auf, und die Überlebenden befreien die Toten mit, so wie die Toten zeitlebens für die Überlebenden gekämpft haben.

Insofern war also jeder Tote zugleich ein klitzekleiner Teil eines Gesamtbildes, war jeder Erschossene jemand, der freudig dem großen Ziel zum Erfolg verholfen hatte. Daher ist klar, dass keiner der Soldaten, keine der auf den Sarkophagen im Treptower Park abgebildeten Frauen, kein Wissenschaftler und auch kein Arbeiter mehr sein durfte als ein Sinnbild, und dass die Sinnbilder zusammen nichts anderes waren als die allegorische Darstellung der Gesamtheit des Sowjetvolkes.

Namen, so denke ich, hätten die, die diese Großanlage in Auftrag gegeben und jene, die sie ersonnen haben, nur gestört. Hier ist letztendlich nicht der einzelne ein Held, sondern es sind alle

Heroen, die mitgekämpft haben, der General wie der Koch, die Scharfschützin wie die Sanitäterin. Anders als auf dem Invalidenfriedhof wurden hier die Soldaten nicht nur nicht demobilisiert, sie wurden auch weiterhin – ob es ihnen gefiel oder nicht – auf die Ideologie verpflichtet. Sie sind keine Menschen, sie bilden das Sowjetvolk. Lebendig oder tot.

Diese fortwährende Indienstnahme der Toten ist schon sehr hässlich. Daher bin ich zunächst geneigt – auch um dem oben geschilderten Erschaudern angesichts des Sowjetpathos zu entkommen –, die Touristinnen und Touristen zu mögen, die sich von der Anlage nicht überwältigen lassen, sondern sich dort sonnen, den Reiseführer und die Bierflasche neben sich, die laut Musik hören, quatschen, und das ganze Gelände für einen Vergnügungspark halten, in dem es merkwürdige Symbolbauten mit Sowjet-Chic gibt.

Aber: nein. Diese Anlage ist eben nicht nur ein protziger Regierungsbau, ein riesiges Figurenensemble auf einem Rathausvorplatz oder eine leistungsschauartige Ansammlung von Kriegsgerät, sondern vor allem eine Grabstätte für viele tausend Personen, die in einem von den Deutschen erzwungenen, auch militärisch völlig sinnlosen »Endkampf« um eine längst verlorene Hauptstadt getötet wurden. Und da sollte man, egal, wie sehr einen die Anlage nun berührt oder nicht, ein bisschen Respekt zeigen. Jeder und jede kann nahezu überall in Berlin saufen und chillen, man muss es wirklich nicht hier tun.

Adresse

Sowjetisches Ehrenmal, Am Treptower Park 50, 12435 Berlin
Täglich rund um die Uhr geöffnet

Deutsch-Russisches Museum Berlin-Karlshorst,
Zwieseler Straße 4, 10318 Berlin
Geöffnet Dienstag bis Sonntag 10 bis 18 Uhr

Bürgerliche Grabanlage

5

Friedhöfe an der Bergmannstraße

Wo Vergessene auf Ewigkeit pochen

Es beginnt in einem Café. Kristine und ich sitzen vor dem *Café Strauss* in Kreuzberg und schwitzen. Es ist sehr warm. Und in den Innenräumen ist leider alles besetzt. Dennoch bestellen wir Käsekuchen und trinken Mineralwasser dazu, für Kaffee ist es einfach zu heiß. Das ist schade, denn der Kaffee in diesem Café ist sehr gut. Um uns herum sind alle Tische besetzt, Menschen unterhalten sich, lesen Zeitung, tippen ins aufgeklappte Laptop. Manche recken und strecken sich. Es geht uns allen gut. Das konnte man über die, die früher in diesem Gebäude waren, nicht sagen. Denn das *Café Strauss* befindet sich in einer ehemaligen Aufbahrungshalle. In dieser Halle wurden früher, wie das Gesetz es verlangte, die Toten drei Tage lang aufgebahrt, bevor man sie beerdigte. So wollte man dem Scheintod vorbeugen. Ob sich allerdings je einer der Aufgebahrten wieder erhoben hat, ist mehr als fraglich.

Heute werden hier Schnittchen dargeboten und Kaffee wird geröstet. Im angrenzenden Raum der Aufbahrungshalle finden Konzerte mit klassischer Musik statt, so genannte »Abendempfindungen«. Peu à peu werden somit Teile der Friedhofsanlage in neue Nutzungsbereiche überführt.

Friedhofcafés sind ein neuer Trend. Auch auf dem Dorotheenstädtischen Friedhof hat ein Café eröffnet, wie oben zu lesen war, doch das *Café Strauss* an der Bergmannstraße gibt es schon seit 2013. Es ist das zweitälteste Friedhofscafé Berlins. Das erste wurde, unweit von hier, auf dem Alten St.-Matthäus-Kirchhof in Schöneberg eröffnet. Das dortige *Café finovo* begründete der Schauspieler Bernd Boßmann bereits 2006, es beherbergt auch den Verein EFEU, der sich für den Erhalt und die Pflege des Schöneberger Friedhofs einsetzt. Auch gibt es einmal im Monat kostenlose Hartz IV-Beratung. Das *Café Strauss* hat keinen derart klaren sozialen Auftrag, hier treffen eher junge Mediennutzer auf ältere Angehörige, die nach der Grabpflege noch einen Kaffee trinken wollen. Dennoch ist das Café ein Ort der Ruhe.

An der Bergmannstraße finden sich, direkt nebeneinander gelegen, vier Friedhöfe, der Friedhof II der Dreifaltigkeitsgemeinde, der Friedhof der Friedrichswerderschen Gemeinde, der Friedhof IV der Jerusalems- und Neue Kirche Gemeinde und der Alte Luisenstädtische Friedhof.

Der Dreifaltigkeitsfriedhof II ist der älteste der vier, er wurde 1825 angelegt. Der Alte Luisenstädtische Friedhof ist mit knapp 91.000 Quadratmetern der größte von ihnen. Alle vier befinden sich auf einem ehemaligen Weinberg, der aus Rentabilitätsgründen aufgegeben wurde. Die Begräbnisstätte der Friedrichswerderschen Gemeinde ist genau genommen deren zweite, die erste ist mit dem Dorotheenstädtischen Friedhof verbunden, wie im gleichnamigen Kapitel geschildert. Da es aber die erste eigenständige Grablege der Gemeinde war, hat diese darauf verzichtet, sie als den zweiten Friedhof zu bezeichnen. In der Literatur wird sie jedoch oft als solche geführt.

Zwar sind alle Friedhöfe mit Mauern voneinander abgetrennt, da man sie jedoch vor einigen Jahrzehnten schon durch Durchbrüche miteinander verbunden hat, werden sie inzwischen als Einheit wahrgenommen. Die zu den Friedhöfen gehörenden Gemeinden gibt es größtenteils ebenfalls nicht mehr – die Friedrichswerdersche Kirche ist, wie gesagt, ein geschlossenes Museum, die Luisenstädtische Kirche, die Jerusalemskirche und die Dreifaltigkeitskirche fielen den Bombardements des Zweiten Weltkrieges zum Opfer, ihre Ruinen wurden nach dem Krieg ab-

Überwachsenes Familiengrab

getragen. Nur die Neue Kirche neben dem Deutschen Dom am Gendarmenmarkt wird noch benutzt. Alle Gemeinden und ihre kirchenrechtlichen Nachfolger lagen in Ost-Berlin, sie hatten also über Jahrzehnte hinweg keinen Zugang zu ihren Gräberanlagen mehr, diese waren den Gemeinden durch den Kalten Krieg gewissermaßen entzogen worden.

Auf den Friedhöfen selbst spiegelt sich dies wieder. Die Friedhofskapelle auf dem zweiten Dreifaltigkeitsfriedhof steht zum Beispiel leer. Die Anlage selbst wird gepflegt, doch die Gräber verfallen – gleichzeitig allerdings werden neue Gräber angelegt. Denn seit dem Mauerfall haben die Gemeinden oder ihre Rechtsnachfolger wieder Zugriff auf das Gelände. Und Beerdigungen hier sind nicht mehr konfessionell gebunden, eine jede und ein jeder kann sich hier also beisetzen lassen.

Auf den Friedhöfen am Mehringdamm finden sich nicht nur Ehrengräber bekannter Persönlichkeiten, sondern auch viele Gräber, die weniger ihrer Toten wegen als aufgrund ihrer Gestaltung erhaltenswert sind. Unter den prominenten Toten ist vermutlich der Politiker, kurzzeitige Reichskanzler und Friedensnobelpreisträger Gustav Stresemann (1878–1929) der bekannteste. Er hatte maßgeblichen Anteil daran, dass Deutschlands internationales Ansehen nach dem Ersten Weltkrieg wieder einigermaßen hergestellt werden konnte. Als er starb, beschloss die Regierung ihm zu Ehren ein Staatsbegräbnis abzuhalten. Der Trauerzug führte vom Brandenburger Tor bis zum Friedhof, historische Fotos zeigen, dass Hundertausende die Straßen säumten. Seit dem Tod Kaiser Wilhelms I. hatte die Stadt keine solche Trauerkundgebung mehr erlebt – und seither wohl auch nicht. Der Bildhauer Hugo Lederer gestaltete das Monumentalgrab für Stresemann. Ein übergroßes Geviert ist durch mächtige Steinkugeln eingegrenzt, die durch eine Metallstange miteinander verbunden sind. Ein schlichter Sarkophag steht inmitten des Ganzen, niedriges Grün wuchert an beiden Seiten. Alles ist auf die Rückwand hin angelegt, eine hohe Wand, auf der groß das Wort Stresemann prangt. Es ist noch heute in sehr gutem Zustand, so muss es auch sein – da es ein Ehrengrab des Landes Berlin ist, kommt der Senat für die Pflege auf.

Ein anderer berühmter Toter ist der Schriftsteller Ludwig Tieck, der 1853 mit fast 80 Jahren vereinsamt, aber hochgeehrt in seiner Heimatstadt Berlin verstarb. Heute ist er vor allem wegen seiner Kunstmärchen »Der gestiefelte Kater« und »Der blonde Eckbert« bekannt, doch auch als Herausgeber leistete er einiges, indem er etwa die Schriften von Kleist und Lenz edierte. Auch als Übersetzer trat er hervor, wobei man heute weiß, dass viele der Übertragungen, die unter seinem Namen erschienen, von seiner Tochter Dorothea Tieck stammten, die allerdings aufgrund ihres konservativen Frauenbildes nicht ins Rampenlicht strebte. Tiecks

Zerbrochener Grabstein

Grab ist recht schlicht gehalten, ein schmuckloser, allerdings auffällig gut erhaltener roter Stein, Name, Lebensdaten, das war's. Angesichts seiner oft ausladenden Sprache wirkt sein Grab geradezu bescheiden.

»Ich habe für nichts mehr weder Hoffnung noch Anspruch, der Erfolg meines Lebens nur Traurigkeit; dahin gehört alles was ich erfahren habe: dies hat mir die Feder in die Hand gegeben, und ist eigentlich meine Begeisterung. – Trauer und Demut ist mein Lied. In der Einheit allein wie im Geist; daher eine Leiche, nur nicht für Dich.« Dies ist, sofern man dem ziemlich schlecht editierten Buch »Charlotte« glauben darf, eine der letzten Äußerungen der Schriftstellerin Charlotte von Kalb (1761–1843).

Von Kalb, früher die Liebhaberin Friedrich Schillers, eine Bekannte vieler Schriftsteller und eine glühende Verehrerin Jean

Pauls, war zum Zeitpunkt ihres Todes verarmt und seit zwanzig Jahren erblindet, sie erhielt ein Gnadenbrot im königlichen Schloss zu Berlin. Der von ihr nicht geliebte Ehemann hatte beider Vermögen verspielt und sich getötet, ihr Sohn, dessen Hofmeister einst der junge Friedrich Hölderlin gewesen war, beging ebenso Selbstmord. Ihre Memoiren, die erstmals neben Notizen im Buch in »Charlotte« enthalten waren, diktierte die Blinde, doch die Veröffentlichung erfolgte erst nach ihrem Ableben. Sie wurden zum Erfolg, und so erschienen aus ihrem Nachlass noch Gedichte und ein Roman. Als Dichterin ist Charlotte von Kalb dennoch weitgehend vergessen, als »Muse« – eine traurige, weil passive, und leider typische Frauenrolle – hingegen noch immer bekannt. Das ist schade. Besonders, da man weiß, dass sie für Schiller und Jean Paul letztendlich zu klug war, ihre Liebhaber fürchteten ihren Verstand sehr.

»Ich war auch ein Mensch, sagt der Staub! Ich bin auch ein Geist, sagt das All!«

Das Grab der Schriftstellerin, so wie das von Tieck ein Ehrengrab, ist ebenfalls recht schmucklos, ein Eisenzaun fasst ein schmales Blumenbeet ein, der liegende Stein ist nicht eben groß. Doch der Grabspruch hat es in sich. »Ich war auch ein Mensch, sagt der Staub! Ich bin auch ein Geist, sagt das All!« Das ist nicht eben ohne Verve.

2011 wurde das Grab aus Anlass ihres 250. Geburtstages mithilfe privater Spenden restauriert. Sie selbst übrigens scheint mit ihrem Lebenslauf, in dem ihr viel Schlechtes widerfuhr, am Ende einverstanden gewesen zu sein. »Mein Leben wird immer stiller, aber ich bin so zufrieden«, heißt es in ihren Erinnerungen.

Auch andere bekannte Künstlerinnen und Politiker wurden an der Bergmannstraße beigesetzt, doch es verwundert uns weitaus mehr, wie viele Mausoleen und große Grabanlagen auf den vier

Anonymes Gemeinschaftsgrab

Friedhöfen Namen tragen, die wir nicht kennen – und zu denen selbst das Internet nicht viel hergibt.

Die Großgräber von Großbürgern verweisen auf eine Veränderung in der Stadtgeschichte. Auf den ursprünglich innerhalb der Stadtmauern liegenden Friedhöfen gab es nur zwei Formen eines herausgehobenen Begräbnisses. Entweder man wurde direkt in der Kirche beigesetzt oder aber man erhielt ein besonderes Ehrengrab, da man sich um das Land oder mehr noch um die Monarchie verdient gemacht hatte – wie das Beispiel des Invalidenfriedhofs zeigt, wurde selbst einigen Generälen diese Ehre erst lange nach ihrem Ableben zuteil.

Heute sind viele dieser Kirchen und Kirchhöfe – und mit ihnen die Prachtgräber früher angesehener Bürger – infolge des Zweiten Weltkrieges und der Baupolitik der DDR verschwunden. Und die einstige Doppelstadt Berlin/Cölln und ihre ersten »Neustädte« wie Luisen- oder Dorotheenstadt lagen nun einmal zumindest größtenteils in Ost-Berlin. Zudem wurde außerhalb der Kirchen noch nicht derart »groß« bestattet, wirkliche Großgrabmale sind auf den Friedhöfen im Bezirk Mitte noch nicht prägend für das Erscheinungsbild. Hier entwickelte sich das Grabwesen erst noch zum Monumentalen hin, mit der zwischenzeitlichen Schließung aller Grablegen innerhalb der damaligen Stadtmauern (bis zur Einführung der Urnengräber) stoppte diese Entwicklung dort abrupt.

Erst als das um die Mitte des 19. Jahrhunderts politisch erstarkte preußische Bürgertum auch wirtschaftlich einen großen Sprung machen konnte, und infolge der Gründerzeit in wenigen Jahren eine enorme Wirtschaftsmacht entwickelte, konnten sich die Industriegeneräle, Handelshauptmänner und Verwaltungsoffiziere plötzlich Gräber leisten, wie sie zuvor nur Hochadel und Militärs bekamen. Oder sogar weitaus größere Anlagen.

Auf den Bergmannstraßenfriedhöfen ist das sehr gut zu sehen. Spätestens ab 1870 werden die Grabanlagen immer ausladender, lassen sich Patriarchen mithilfe großer Erbbegräbnisse als Familiengründer feiern, werden die Marmorbüsten und -statuen immer größer, die Inschriften goldener, die Mausoleen immer bunter.

Eines der auffälligsten Grabmale ist das 1828 errichtete Mausoleum der Familie von Oppenfeld. Es ist eines der ältesten unter den sogenannten ägyptisierenden Grabmalen in der Stadt. Und obschon lange vor 1870 errichtet, kann es gut für die oben genannte These herhalten. Der Bankier und Eisenhändler Georg Moritz von Oppenfeld wurde 1793 als Moses Oppenheim geboren, ließ sich aber wie alle seine Geschwister um 1820 evangelisch taufen und wurde 1827 geadelt, bei letzterem Prozess wurde ihm

Mausoleum Von Oppenfeld

gestattet, sich einen neuen Namen zu geben – beantragt hatte er Oppenheim-Reinfeld, doch man erlaubte ihm nur die zusammengezogene Form. Fünf Jahre zuvor hatte er mit seinem Bruder Carl Daniel das Gut Reinfeld erworben. Sie gehörten damit zu den ersten Bürgerlichen, die von einer Hardenbergschen Rechtsreform Gebrauch machten und Besitz erwarben, den zuvor nur Adlige haben durften. 1859 wurde Georg Moritz von Oppenfeld ehrenhalber in den erblichen Adelsstand erhoben, 1861 starb er. Er wurde in dem von ihm in Auftrag gegebenen Mausoleum beigesetzt. Zuvor hatte es schon als Grab für seine früher verstorbene Schwester gedient, es war allerdings von Anfang an als Familiengrab angelegt worden. Mit seiner großen Farbkraft leuchtet es gewissermaßen über alle anderen Grabmale hinweg. Aus Anlass der 750-Jahr-Feier Berlins im Jahr 1987 wurde es umfassend saniert.

Als anderes Grabbeispiel mag hier das Erbbegräbnis der Familie Max Krause herhalten, das beinahe in der Mitte der Gesamtanlage, auf dem Friedhof IV der Jerusalems- und Neue Kirche Gemeinde zu finden ist. Krause (1838–1913) war ein äußerst erfolgreicher Papierfabrikant, die von ihm begründete Firma M.K. Papier (»Schreibste mir, schreibste ihr, schreibste auf MK-Papier«) überlebte ihren Gründer um sechzig Jahre, bevor sie in einem anderen Unternehmen aufging. Krause ließ die Gedenkstätte für sich und seine Lieben bereits ab 1903 errichten, vier Jahre später war sie fertig gestellt. Die Einweihung der Gruft erfolgte jedoch bereits 1906, ein Sohn Krauses war verstorben.

> **»Schreibste mir, schreibste ihr, schreibste auf MK-Papier«.**

Gestaltet hatte das Grab der Baukünstler Bruno Schmitz, die Plastiken stammten von Franz Metzner. Schmitz war damals berühmt für seine monumentalen Arbeiten, die das Nationalbewusstsein der Deutschen heben sollten, etwa das Kaiser-Wilhelm-Denkmal an der Porta Westfalica, das Reiterstandbild des Kaisers am Deutschen Eck, das Kyffhäuserdenkmal und das Leipziger Völkerschlachtdenkmal. Die aus Muschelkalkstein gefertigte Grabanlage der Familie Krause ist eines der wichtigsten Jugend-

Ewigkeit

stilgräber im Osten Deutschlands. Und da die nach Max Krause benannte Fabrik inzwischen, wie ihr Gründer, verschwunden ist, erinnert heute einzig diese Grabanlage an ihn – sie ist kunstgeschichtlich derart bedeutsam, dass viele Jahre lang Grabpaten für ihren Erhalt gesucht wurden.

All die monumentalen Gräber, und es gibt ihrer viele Dutzend auf diesem Gelände, wurden mit einem Ewigkeitsanspruch gebaut. Selbst auf kleinsten, unscheinbaren Grabflächen heißt es oft: »Ewig unvergessen«.

Doch die Ewigkeit der Denkmale ist nicht so leicht zu garantierten. An der Bergmannstraße findet man Mausoleen, an deren Seite das Efeu die Fugen sprengt, deren Dächer eingefallen sind – oder auch eines, in dem ausrangierte Bürostühle und Bauholz gestapelt liegen.

Die Stiftung Historische Kirchhöfe und Friedhöfe in Berlin-Brandenburg kümmert sich gemeinsam mit der Senatsverwaltung für Stadtentwicklung und dem Denkmalamt darum, dass zumindest ein Teil der historisch bedeutsamen Gräber erhalten bleiben kann. Auch Vereine und selbstredend auch Nachfahren engagieren sich immer wieder für den Erhalt der Anlagen. Die Kosten für die Restaurierungsarbeiten sind teilweise sehr hoch, schnell gehen sie in die Zehntausende. Doch nicht einmal für den Schutz der künstlerisch wichtigsten Grabmale ist genug Geld vorhanden. Der Denkmalschutz und die Gemeinden, so scheint es, kämpfen da auf verlorenem Posten.

Das war bis zu einem gewissen Grad schon immer so. Gräber verschwinden, doch nicht etwa automatisch, sie werden abgeräumt. An der nordwestlichen Begrenzungsmauer des zweiten Dreifaltigkeitsfriedhofes ist eine bemerkenswerte Grabplatte aus Eisen eingelassen. Auf ihr steht zu lesen: »Carl Blechen / Maler / 29. 7. 1798 / 23. 7. 1840«. Unter dieser alten Eisentafel gibt es nun, offensichtlich erst seit ein paar Jahren, folgenden Hinweis: »Auf diesem Kirchhof befand sich die Grabstätte des Malers Carl Blechen. Die genaue Lage ist nicht mehr feststellbar. Die obige Tafel ist dem Andenken des großen Vorläufers des Impressionismus gewidmet.« Immerhin – man hat sich Blechens wieder erinnert, und das sogar gleich zweimal. Unter be-

Grabstelle Carl Blechen

sonderem Schutz stehen die Metalltafel und die Tafel zur Tafel allerdings nicht.

Seit vielen Jahren ist das ganze Gelände, obschon noch in Benutzung, als Grünfläche ausgewiesen, das heißt, es unterliegt einer Mischnutzung als Friedhof und als Erholungsort unter besonderen Bedingungen, nämlich der Rücksichtnahme auf das Totengedenken. Auch das privat betriebene Café auf der Anlage, das nicht ausschließlich den Trauernden geöffnet ist, wird allgemein akzeptiert. Daher sah der heute zuständige Evangelische Friedhofsverband Berlin Stadtmitte keine Einwände voraus, als er 2016 beschloss, einen Teil der an der Jüterboger Straße gelegenen Fläche, einen Wirtschaftshof, auf dem schon seit Jahrzehnten keine Begräbnisse mehr stattgefunden hatten, aus dem Friedhofsgelände herauszulösen und dort Wohnungen für rund 160 Flüchtlinge zu errichten. Da das Gebäude vom Diakonischen Werk betrieben werden würde, wusste man das Teilstück weiter in kirchlicher Hand.

Doch ein Teil der Bevölkerung im sonst doch immer so für seine Offenheit verschrienen Kreuzberg lief Sturm. Neben den üblichen Bedenkenträgern, die hier möglicherwiese muslimische Flüchtlinge den christlichen Weiheort schänden sahen, gab es auch vermeintlich linke Gentrifizierungsgegner, die argumentierten, dass nach den Flüchtlingen womöglich die Luxusloft-Erbauer kämen. Andere waren sich nicht zu schade, auf ihren Flugblättern den Erhalt von Bäumen gegen die Ansiedlung von Fremden ins Feld zu führen – so wie an anderen Stellen in Kreuzberg, wenn es um die Errichtung von Flüchtlingsheimen geht. So ist die Begräbnisstätte selbst da, wo sie sich in Auflösung befindet, plötzlich noch gut genug dafür, als politisches Argument herzuhalten.

Das Eichhörnchen ist hier der eigentliche Herrscher.

Die meisten Anwohner betrachten die vier Friedhöfe ohnehin nur noch als Park, einige führen hier ohne jede Sorge ihre Hunde aus, sonnen sich ungeniert auf den eigeebneten Grabfeldern im südlichen Teil der Anlage, halten auch schonmal auf einer steinernen Bank vor einem alten Grabmal, die eigentlich der stillen Einkehr der Angehörigen dienen sollte, ihr Plauderstündchen. Es sind nicht viele Menschen, die diese Grünanlage so für ihre egoistischen Belange nutzen, doch es werden mehr. Von Pietät ist bei ihnen kaum etwas zu spüren, ein Rest allerdings muss da sein, da sie sich nie im gut einsehbaren nördlichen Bereich des Friedhofs verlustieren.

Einige verspüren eine derartige Scham jedoch gar nicht, ganz einfach, weil sie keine Moral kennen. Es sind die Tiere, die hier leben, die Friedhofsfauna. Vögel, Mäuse und Ratten, aus den umliegenden Wohnungen herbeischleichende Katzen, der Fuchs, der hier lebt, und die unzähligen Eichhörnchen, die auf den Grabsteinen sitzen oder auf den Marmorbüsten ihre Nüsse knabbern. Letztere sind nicht besonders scheu, ich kann mich ihnen bis auf fast einen Meter nähern, ohne dass sie auch nur zucken. Sie kommen auch nahe ans Café heran, sie fräßen sogar aus der Hand, heißt es. Das Eichhörnchen weiß nichts von Religion und Ewigkeit, es hat auf diesem Sterbefeld einen Lebensort erhalten, der genug Winkel und Nischen bietet, um in Ruhe leben zu können.

Und solange die Menschen sich so heftig um Umnutzung und Umwidmung streiten, solange die auf das Überzeitliche schielenden Mausoleen verfallen und das Efeu über die künstlerischen Bauwerke obsiegt, ist das Eichhörnchen hier der eigentliche Herrscher. Solange das Gelände nicht einfach zum Park erklärt wird, so wie es etwa in den sechziger Jahren mit dem Friedhof geschah, der an die Luisenstädtischen Kirche lag (selbst das Grab des bedeutenden Berliner Aufklärers Friedrich Nicolai wurde damals einfach eingeebnet), solange keine Touristen und Freizeittrinker den Raum in Gänze einnehmen, solange jedenfalls kann das Eichhörnchen diese Friedhöfe regieren und nach seinem Gusto nutzen. Mit etwas Glück also in alle Ewigkeit.

Adresse

Friedhöfe an der Bergmannstraße, Bergmannstraße 39–41, 10961 Berlin
Geöffnet täglich März bis Oktober 8 bis 20 Uhr, November bis Februar 8 bis 17 Uhr

Café Strauß, Bergmannstraße 42, 10961 Berlin
Geöffnet Dienstag bis Sonntag ab 9 Uhr

Schornstein Krematorium

6

Urnenfriedhof Gerichtstraße

Wo Asche für den Fortschritt steht

Die oben beschworene Ewigkeit des Angedenkens scheint es auf dem Urnenfriedhof Wedding nicht zu geben. Im Gegenteil, bereits in der Geschichte dieses Friedhofs ist die Vergänglichkeit in den Vordergrund gerückt. Das ist schon auf dem Hinweg bemerkbar. Von der Müllerstraße herkommend biegen wir in die Gerichtstraße ein, und da sehen wir ihn auch schon bald, den Friedhof. Doch nein, wir irren – wir sehen zunächst einen Park. Und zugleich irren wir dann doch wieder nicht.

Es gab an der Gerichtsstraße bereits vor der Einrichtung des Urnenfriedhofs eine Begräbnisstätte, es war die erste in Berlin, die nicht von einer Gemeinde oder einer Institution, sondern von der Stadt selbst betrieben wurde. Bereits drei Jahre nach der Eröffnung, die 1828 stattfand, war eine Erweiterung nötig. Im Jahre 1879 jedoch wurde die Anlage wegen Vollbelegung schon wieder geschlossen und ein Teil des Geländes nach dem Abwarten einer pietätvollen Frist von vierundzwanzig Jahren in einen Park umgewandelt. Damit hätte es ein Bewenden haben können mit diesem ersten städtischen Friedhof, aber der andere Teil der Fläche wurde bald doch wieder seiner ursprünglichen Bestimmung zugeführt.

Dieser Gesinnungswandel zeichnete sich zuvor schon ab. Bereits 1909 hatte der Berliner Verein für Feuerbestattung damit begonnen, nach Entwürfen des Architekten William Müller eine Urnenhalle auf dem ehemaligen Friedhofsgelände zu errichten. Es wurde eine Urnen-Feierhalle mit Mansardendach, die große Halle ist siebzehn Meter hoch. Die Firma Siemens lieferte die Brennanlage.

Die Feuerbestattung war in Berlin wie in ganz Preußen bis ins 20. Jahrhundert hinein verboten. Obschon in vielen Kulturen üblich und auch in der Antike gebräuchlich, lehnten Christen diese Art der Bestattung ab, sie widersprach der Idee von der leiblichen Auferstehung des Fleisches.

Doch die leibliche Beerdigung für alle Ewigkeit war schon lange umstritten. Bereits 1849 betonte der berühmte Jacob Grimm vor der Berliner Akademie der Wissenschaften, es sei »ein heiterer, der Menschheit würdiger Gedanke, ihre Toten der hellen und reinen Flamme statt der trägen Erde zu überlassen«. Der Berliner Arzt und Kommunalpolitiker Rudolf Virchow ergriff sechsundzwanzig Jahre später das Wort und versuchte das Preußische Abgeordnetenhaus von der Feuerbestattung zu überzeugen: »Die zunehmende Anhäufung von Verwesungsstätten, welche die großen Städte wie einen Kranz umgeben, welche das Erdreich mit unreinen Stoffen erfüllen, welche das Erdreich weit und breit und die Unwässer verunreinigen, dass das kein Zustand ist, der sich mit der öffentlichen Gesundheit verträgt, liegt auf der Hand.« Seine Argumentation aus hygienischen Gründen verfing nicht sofort, doch sie zeigte Wirkung. Bereits 1892 bat der Berliner Magistrat darum, diese Bestattungsweise einführen zu dürfen. Zudem gründeten sich Vereine zur Durchsetzung der Feuerbestattung, Lobby- und Überzeugungsarbeit – auch von vielen überzeugten Atheisten – wurde intensiv getrieben, und 1911 war es endlich soweit – Preußen genehmigte diese Art der Beerdigung.

Folglich wurde der Teil des alten Friedhofs, der zwischen dem Park, der an der Ruheplatzstraße liegt, und dem bereits errichteten Krematorium, das an die Adolfstraße angrenzt, neu eröffnet. Die erste Leichenverbrennung fand am 28. November 1912 statt, vier Tage nach der freudigen Einweihung des bereits ein Jahr vorher fertiggestellten Krematoriums. Die Freude, die bei der Einweihung aufkam, lag auch darin begründet, dass in der Stadt und im Umland auf allen Begräbnisstätten der schon mehrfach geschilderte Platzmangel herrschte, die Einführung der Feuerbestattung war also gerade für die Stadt Berlin, die um das Jahr 1900 herum eine wahre Bevölkerungsexplosion erlebte, eine Notwendigkeit – sie führte zudem dazu, dass zahlreiche wegen Überbelegung bereits geschlossene Grabstätten wieder geöffnet werden konnten. Wie bei so vielen vor allem ideologisch heftig geführten Debatten, ging es eigentlich um eine ökonomische Frage.

Betritt man heute den Urnenfriedhof, der noch immer in städtischer Hand ist, so kann man den damals dringlich empfundenen Platzmangel kaum fassen. Zunächst allerdings erschrecken wir über den Umstand, dass alle Grabflächen so fürchterlich klein sind. Der ganze Friedhof, der in seinen Wegen übrigens noch immer der alten Friedhofsordnung folgt, sieht aus, als sei er in lauter Kindergräber parzelliert. Erst dann fällt uns wieder ein, dass wir ja auf einem Urnenfriedhof sind, und selbst einem Familiengrab nicht unbedingt viel Platz eingeräumt werden muss.

> **Der ganze Friedhof sieht aus, als sei er in lauter Kindergräber parzelliert.**

Sogleich steht uns wieder die Platzfrage vor Augen. Dies jedoch auch, weil bereits im Eingangsbereich so viele Gräber, ja ganze Unterabteilungen einer Fläche komplett leer stehen. Eingewinkelt durch Steinabgrenzungen wirken sie trist und öde. Da der Friedhof sehr waldig ist, ist das Gras nur spärlich verteilt, es bedeckt hier nichts.

Auch im hinteren Bereich, der an die Plantagenstraße grenzt, ist viel Freiraum für Tote sichtbar – ein Neubau, der wohl auch als Raum für Trauerfeiern dient, bedeckt einen Teil des an der Friedhofsmauer errichteten Kolumbariums, das allerdings nur aus einer Wand besteht. Ein Teil ragt aus dem Neubau heraus ins Freie, seine Nischen sind nicht belegt. Das ist verständlich, haben sich doch gerade in den vergangenen Jahren die Grabschändungen durch Diebstahl gehäuft – wahrscheinlich bildet der Metallwert, der in den Urnen vermutet wird, den Hintergrund für diese Aktionen, falsch verstandenes Fantum oder ideelle Fragen sicher nicht.

Heutzutage wird die Feuerbestattung weniger aus weltanschaulichen Gründen vorgenommen, denn aus pekuniären Erwägungen heraus. Eine Urnenbestattung ist in mehrfacher Hinsicht kostengünstiger – die Urne ist zumeist billiger als ein Sarg, das Urnengrab günstiger als Ganzkörpergrabstätten. Das Geld, das für die – nennen wir es an dieser Stelle ruhig profan so – Platzmiete anfällt, ist seit einigen Jahren im Voraus zu entrichten, auch das wird viele Sterbenskranke oder ihre Angehörigen davon überzeugen, dass ein Urnengrab »reicht«.

Über den Grabstein kann man, bei Urnen- wie bei normalen Gräbern, selbst bestimmen. Fordern die Hinterbliebenen ihn nach Ablauf der Liegezeit nicht zurück, kümmert sich das Land um seine Entsorgung oder Umgestaltung. Die Liegezeit kann in Berlin bei Urnengräbern nicht verlängert werden – bei den immer mehr in Mode kommenden Beisetzungen auf einem anonymen Grabfeld ist das genauso. Sie beträgt zwanzig Jahre. Das und der Umstand, dass die Anzahl der Beerdigungen trotz des Bevölkerungswachstums in Berlin in den vergangenen Jahren ziemlich abgenommen hat, auch, dass die Liegezeiten heute nicht mehr so lang sind und viele andere Friedhöfe heute ebenfalls Urnengräber anbieten, erklärt, warum der Friedhof so auf-, nein, sogar abgeräumt aussieht

Doch trotz dieser zunächst so ins Auge springenden Tristesse ist der Friedhof in vielfacher Hinsicht von hohem kulturellem Wert – und das nicht nur, weil er der erste Urnenfriedhof Berlins ist. Er ist auch einer der ersten vornehmlich säkularen Friedhöfe – im Christentum, wie gesagt, wird die Feuerbestattung noch

Familiengrab

immer scheel angesehen und eher geduldet als erlaubt, gläubigen Juden und Moslems ist diese Art der Bestattung dagegen verboten. Daher ist diese Grablege gewissermaßen ein Denkmal für den Siegeszug des Atheismus oder des wahrscheinlich beliebteren Agnostizismus.

Und obschon die einzelnen Gräber nach dem Ablauf der Liegezeiten offenkundig konsequent eingeebnet werden, haben sich doch recht viele Grabmale erhalten, die, gerade wenn sie aus der Zeit vor dem Zweiten Weltkrieg stammen, auch eine gewisse Geisteshaltung repräsentieren. Zwei Beispiele seien hier pars pro toto angeführt.

Das eine ist das Familiengrab der Familie Gutmann. Es wurde 1916 im neoklassizistischen Stil errichtet, ausführender Architekt war Franz Seeck, der viele große Grabmale errichtet hat, so das Denkmal für Werner von Siemens und Familie auf dem Südwestkirchhof im brandenburgischen Stahnsdorf. Auch Eugen Gutmann (1840–1925) war ein Familienpatriarch, seine Frau Mary Fernande Sarah Gutmann verstarb 1915 und wurde hier als erste beigesetzt, damals noch auf konventionelle Weise, »meine geliebte Frau« nennt sie beschwörend der Familienvater. Doch für sie war nur eine Grabplatte an der Mauer rechts neben dem Kenotaph, einem großen, erhabenen, leeren Steinsarkophag, der auf vier duldsamen Sphinxen steht, reserviert, der Raum über dem Sarkophag blieb einzig dem Familienbegründer vorbehalten.

Dieser war zu seiner Zeit berühmt – der gebürtige Dresdner und talentierte Bankier hatte eine reiche Familie davon überzeugt, ihre Privatbank, das Bankhaus Kaskel, in eine Aktiengesellschaft zu überführen, so entstand die Dresdner Bank. Gutmann, der bis zu seinem Tod dem Vorstand der Bank angehörte und als ihr Gründervater gilt, erfuhr von der im Ausland aufkommenden Idee der Filialbank und führte diese in Deutschland ein. Die erste Filiale der Dresdner Bank in Berlin wurde drei Jahre nach ihrer Eröffnung 1884 zum Hauptsitz des Unternehmens. Die Bank wuchs sehr schnell, bald schon war sie eines der führenden Kreditinstitute im Deutschen Reich.

Als Eugen Gutmann verstarb, war er auf dem Höhepunkt seines Ruhmes, er konnte nicht ahnen, wie es seiner Familie nach

Grabstätte Gutmann

seinem Tod ergehen würde. Dass die antisemitischen Hetzer der NSDAP einmal die Macht in Deutschland übernehmen würden, war 1925 kaum vorstellbar. Da half es wenig, dass die Gutmanns bereits 1889 vom Judentum zum Christentum konvertiert waren. Für die beiden Söhne, die ebenfalls im Bankgeschäft tätig waren, bedeutete dies keine Rettung.

Herbert Maximilian Gutmann (1879–1942) war Vorstand in der von seinem Vater begründeten Bank, als die Weltwirtschaftskrise das Haus schwächte. 1931 musste er die Zahlungsunfähigkeit der Dresdner Bank verkünden. Obschon die Verantwortung dafür nicht allein bei ihm lag, wurde er, auch aufgrund der immer stärker werdenden antisemitischen Stimmung, aus der Leitung der Bank entfernt, hatte aber noch immer einige gut dotierte Posten inne. Er emigrierte 1936 nach Großbritannien, wo er 1942 starb. Sein Platz im Berliner Familiengrab ist nicht belegt.

Sein Bruder, Friedrich Gutmann, war für die Dresdner Bank im Ausland, etwa in London tätig, und mehrte dort ihren internationalen Einfluss. Nach dem Ersten Weltkrieg, in dem er von den Briten als »feindlicher Ausländer« interniert worden war, ging er in die Niederlande, wo er auf seinem Gut Haus Bosbeek die väterliche Kunstsammlung betreute und vergrößerte. Gemeinsam mit seiner Frau Louise von Landau führte er ein weltoffenes Haus und unterstützte die Künste. Nachdem die Nazis die Niederlande besetzten, glaubte er, sich mithilfe seiner Sammlungen die Nazis gewogen machen zu können, doch diese spielten ein falsches Spiel und deportierten ihn und seine Frau nach Theresienstadt. Dort wurde er 1944 von Wachmännern erschlagen, seine Frau wurde im selben Jahr in Ausschwitz ermordet. An Friedrich und Louise Gutmann erinnert heute eine Gedenkinschrift, die am Grabmal Eugen Gutmanns angebracht wurde.

Die Bank übrigens, die Eugen Gutmann begründet hatte, unterstützte den Krieg der Nationalsozialisten mit allen Mitteln, und nach dem Weltkrieg blieb sie trotz der vielen von ihr geförderten Verbrechen ein angesehenes Bankhaus, bis sie 2009 mit der Commerzbank fusionierte. 2010 wurden die letzten Filialen der Dresdner Bank umbenannt oder geschlossen.

Ein ähnliches Schicksal wie den Söhnen Gutmanns wurde auch dem Politiker und Autor Max Sievers zuteil, der mit seinem Buch »Warum Feuerbestattung?« im Jahr 1925 gewissermaßen das Manifest dieses Friedhofes publizierte. Der aus kleinen Verhältnissen stammende, 1887 in Tempelhof geborene ehemalige Soldat hatte sich am Ende des Ersten Weltkrieges politisch sozialisiert und übte Parteiämter in der USPD und in der KPD aus, die er jedoch beide schon bald wieder verließ. 1922 wurde er Geschäftsführer des Vereins der Freidenker für Feu-

Urnenturm

erbestattung, den er in eine wesentlich politischere Freidenkergruppe umbildete, die bald in ganz Deutschland agiert, aus der wiederum 1930 der Deutsche Freidenker-Verband hervorging, der zu seinen besten Zeiten mehr als eine halbe Million Mitglieder hatte.

Zerbröckelndes Grab

Im Zuge der politisch motivierten Masseninhaftierungen nach dem Reichstagsbrand 1933 wurde Sievers verhaftet, jedoch bald wieder auf freien Fuß gesetzt, sodass er nach Belgien fliehen konnte. Sein Name stand bereits auf der ersten Ausbürgerungsliste des Deutschen Reichs von 1933. Sievers aber ließ nicht nach.

Zunächst verbreitete er aus dem seit 1918 unter französischer Besetzung stehenden Saarland heraus weiterhin die von ihm begründete Verbandszeitschrift *Der Freidenker*, als sich das Saarland mit der Volksabstimmung von 1935 dem so genannten Dritten Reich anschloss, gab er von Brüssel aus die *Sievers-Korrespondenz* und die Wochenzeitung *Freies Deutschland* heraus, die klandestin im deutschen Sprachraum verbreitet wurden. Er emigrierte mit seiner Frau in die USA, kehrte allerdings nach Belgien zurück, wo ihn die Nazis kurz nach Kriegsbeginn verhafteten. Er konnte fliehen, wurde in Frankreich abermals verhaftet, und 1943 durch den so genannten Volksgerichtshof zum Tode verurteilt. 1944 wurde er hingerichtet.

An ihn erinnert ein 1952 auf dem Urnenfriedhof errichtetes Ehrengrab. »Für den Vorkämpfer für Freidenkertum und Feuerbestattung« heißt es auf der zugehörigen Stele. Zu Recht. Die Stele ist zentral, vor dem Eingang des erwähnten Neubaus an der Kolumbariumswand aufgestellt. Nur eines stimmt nicht – Sievers war nicht nur ein Opfer des Faschismus. Er war auch ein Widerstandskämpfer.

Viele andere Bauten sind noch interessant. So etwa ein rechts vom heutigen Friedhofseingang stehendes sechseckiges Regal aus Stein, in dem steinerne Urnen stehen, zumeist unbeschriftet, vielleicht leer. »Ewiger Friede« ist den hier ruhenden auf dem steinernen Dach beschieden – bislang zumindest wurde der Bau, der knapp hundert Jahre alt ist, nicht abgeräumt.

Einige Politiker haben auf dem Urnenfriedhof ein Ehrengrab bekommen, diese Ehrenbezeugung gilt ja inzwischen endlich für jede Art der Beisetzung. Diese Gräber also werden bleiben, sofern ihnen nicht der Ehrenstatus wieder aberkannt wird, siehe das Kapitel über den Künstlerfriedhof Friedenau.

Doch das eigentliche Faszinosum dieses Friedhofes ist das Gebäude, das ihn überhaupt erst wieder zum Leben erweckte – die

Leerstehender Kolumbariumsteil

Urnenhalle mit der Verbrennungsanlage. An der Gerichtstraße hinter dem früheren Eingang gelegen, ist sie inzwischen durch einen Zaun vom Friedhof abgetrennt – ebenso wie der ehemalige, sehr sachlich gehaltene Haupteingang mit seinen charakteristischen drei Torbögen. Zwischen ihm und der Halle wird bei unserem Besuch gebaut, eine große Grube ist ausgehoben, Erdarbeiten finden statt. Ein neuer U-Bahnhof? Ein Schild vor dem verschlossenen Haupteingang bietet uns Aufklärung: »Unter unserer Wiese entsteht eine neue Kunst- und Konzerthalle, die ab Ende 2018 unseren Altbau ergänzt.« Dieser Altbau entstand in zwei Phasen, neben dem Ursprungsbau von 1911 kam 1936 noch ein stilistisch angepasster Erweiterungsbau hinzu, seit 1995 steht das ganze Gebäude unter Denkmalschutz, damals war es noch gemäß seiner ursprünglichen Aufgabe in Betrieb, wurde sogar bis zur Jahrtausendwende noch einmal technisch aufgerüstet, um 2002 endgültig geschlossen zu werden.

Heute beherbergt der Altbau keine Asche von Verstorbenen mehr. Seit 2014 sind hier unter dem Namen Silent Green Kulturquartier diverse Kulturinstitutionen eingezogen, etwa das Harun Farocki Institut, das sich gewissermaßen im Auftrag des 1914 verstorbenen großen Filmemachers und Filmtheoretikers für, wie es auf der Institutswebsite heißt, »vergangene, gegenwärtige und zukünftige Bildkulturen« einsetzt. Ein weiterer Schwerpunkt des Hauses ist die Musik. Doch auch andere künstlerische Formen sind erwünscht, mehrere Räume, wie die Kuppelhalle, sind zu mieten. Mit dem Restaurant Mars ist zudem für Verköstigung gesorgt. Doch ist das Restaurant nicht mit den neuen Friedhofcafés zu vergleichen, die Grenze zur eigentlichen Gräberstätte ist scharf geschnitten. Silent Green – der Name ist eine Anspielung auf den Titel des Science-Fiction-Films »Soylent Green« (1973), durch den der Ausruf »Soylent Green is people!«, also in etwa: »Soylent Green ist aus Menschen gemacht«, weltberühmt wurde – ist eine normale Kulturinstitution in einem Gebäude, das umgenutzt worden ist. An seine ursprüngliche Funktion, an seine Einzigartigkeit in Berlin gemahnt nur noch der danebenliegende Friedhof, der so seltsam unbelegt und gleichzeitig das Denkmal einer Errungenschaft ist.

Adresse

Urnenfriedhof Gerichtstraße, Gerichtstraße 37–38, 13347 Berlin. Geöffnet täglich 8 bis 18 Uhr

Daneben

Silent Green, Mars Küche & Bar, Gerichtstraße 35, 13347 Berlin
Geöffnet Montag bis Freitag 11 bis 18 Uhr, Samstag und Sonntag 10 bis 17 Uhr

Bank in S-Form

7

Frauenfriedhof

Wo Lesben ihre Ruhe haben

Der kleinste Friedhof, von dem in diesem Buch die Rede ist, ist der Berliner Frauenfriedhof, und auch er ist eine Errungenschaft. Diese Begräbnisstätte grenzt sich freundlich so sehr von ihrem Umfeld ab, dass auch dieses zunächst erörtert werden muss, denn der Frauenfriedhof ist eine Grablege inmitten einer Grablege. Der Kontext also, wenngleich er kein unmittelbarer Kontext ist, macht das eigentliche Thema erst sichtbar.

Der Frauenfriedhof ist ein gerade mal vierhundert Quadratmeter großes Areal inmitten des Friedhofes I der Georgen-Parochialgemeinde an der Greifswalder Straße, an der Grenze zwischen Prenzlauer Berg und Friedrichshain. Den nordöstlichen Abschluss des Friedhofs bildet die Heinrich-Roller-Straße. Die schon mehrfach geschilderte Enge in der Innenstadt führte dazu, dass dieses Gelände bereits zwölf Jahre nach der Eröffnung des daneben liegenden Alten Friedhofs der St.-Nikolai- und St.-Marien-Gemeinde als Grabstätte eröffnet wurde.

Auf dem Neuen Friedhof St. Marien-St. Nikolai, befand sich übrigens das heute eingeebnete Grab von Horst Wessel, dessen Existenz nach dem Mauerfall zu einem obskuren Totenkult seitens von Neonazis führte, weswegen man alle Hinweise auf das Grab entfernt hat. Der Stadtteil, der von 1933 bis 1945 Horst-Wessel-Stadt hieß, darf heute wieder Friedrichshain heißen.

Doch zurück zum Friedhof I der Georgen-Parochialgemeinde. Die zugehörige Kirche in Mitte wurde im Weltkriegsbombardement so schwer zerstört, dass sie abgetragen werden musste, der angrenzende ursprüngliche Gottesacker war schon vorher mit einer Kaserne und später mit Wohnhäusern überbaut worden.

Diese somit eigentliche Grabstätte der Gemeinde ist zurzeit in einem verehrenden Zustand. Sie wurde 1970 geschlossen, seit der Wiedervereinigung sind allerdings wieder Bestattungen möglich. Das ändert nichts daran, dass ein Großteil der Fläche völlig überwuchert ist, die aufgelassenen, aber nicht eingeebneten Grabstellen verfallen überall vor sich hin, die Vegetation hat große Teile des Gebietes für sich zurückerobert. Ganze Felder wirken wie bewaldet. Vielen Besucherinnen und Besuchern scheint daher auch nicht klar zu sein, dass sie sich auf einem wieder aktiven Friedhof befinden, sie nutzen das Areal inzwischen wie eine normale Grünfläche.

Zerstörungen hat dieser Friedhof, mehr noch der angrenzende St. Marien-St. Nikolai, in den letzten Tagen des Zweiten Weltkrieges erlitten. Aus dem arisierten Kaufhaus Jonaß beschoss die Hitlerjugend die Befreier. Heute beherbergt das ehemalige Kaufhaus, das weitgehend unzerstört blieb und in der DDR als SED-Parteizentrale und als Institut für Marxismus-Leninismus diente, ein exklusives Luxushotel. Auch Vandalismus und das Wetter haben den Friedhof angegriffen, die Vegetation tat ein Übriges. Seit Jahren wird versucht, ihn wieder halbwegs zu gestalten, die Gestalterinnen und Gestalter haben aber noch viel Arbeit vor sich.

Wir kommen vom Eingang Heinrich-Roller-Straße und sehen linkerhand Grabfelder, rechterhand beschäftigen sich zu unserem Erstaunen einige Menschen mit Urban Gardening. Diese Form der manchmal ökologisch sinnvollen, jedoch oft auch nur mit einem zeitgemäßen Anstrich versehenen Laubenpieperei, ist schwer in Mode. Fast jeder ehemalige Parkplatz wird heute für solche temporären Gartenexperimente genutzt. Auch hier bauen nun Engagierte auf rund zweitausend Quadratmetern, die

Die bisherigen Gräber

seit der ersten Aufgabe des Friedhofs 1970 nicht mehr genutzt wurden, innerstädtisches Gemüse an und vermitteln zudem der Jugend, was Gärtnern überhaupt ist – inklusive der Anlage von Nistkästen für Vögel und von Bienenstöcken.

Die bewirtschaftete Fläche ist durch einen Naturholzzaun abgegrenzt, aber dass zwischen Hochbeeten und Insektenhotels noch immer Grabsteine stehen, gibt zumindest mir ein merkwürdiges Gefühl. Sind die zugehörigen Gräber überhaupt eingeebnet? Wird hier ein Gottesacker zum Hipstergarten? Wieso stört es mich? Die Toten sind tot, die Liegezeit ist abgelaufen, vermutlich sind auch die engsten Verwandten nicht mehr am Leben. Auf diesem Teil der Anlage wird seit knapp fünfzig Jahren nicht mehr bestattet. Vielleicht ist in mir noch immer jener Katholizismus am Werke, der das Aufgeben und Umwidmen von Fried-

Urban Gardening auf dem Friedhof

höfen nicht gut ertragen kann. Doch so oder so ist es gut, dass sich jemand um diese leicht urwaldartigen Grünflächen in der Innenstadt kümmert und sie gegen gewinnbringende Verkaufsabsichten und Bebauungspläne verteidigt. Ich kann allerdings nicht behaupten, dass ich besonderen Appetit auf die dort gezogenen Zwiebeln oder Tomaten hätte.

Während auf der einen Seite des Bretterzauns Gemüse gedeiht und Bienen summen, werden auf der anderen Seite Teile des Friedhofs neu belegt. Auf den ersten Blick scheint das chaotisch. Vor oder in verfallenden Erbbegräbnissen entdeckt man frischangelegte Gräber, unweit des heutigen Frauenfriedhofs etwa befindet sich das mit den Abschiedsworten vieler Kolleginnen und Kollegen geschmückte Grab des langjährigen *taz*-Redakteurs und vormaligen Führers der maoistischen Kommunistischen

Partei Deutschlands (Aufbauorganisation), Christian Semler, der 2013 im Alter von vierundsiebzig Jahren verstarb. Das Grab dieses Achtundsechzigers, man hätte es eigentlich in West-Berlin vermutet.

Der als Frauenfriedhof, oft auch als Lesbenfriedhof bezeichnete Teil des Geländes liegt inmitten von neuen und alten Gräbern, inmitten von Wildnis und gegenüber eines verfallenen Mausoleums. Die Anlage ist schlicht, doch ergreifend, auf dem Areal, das Platz für insgesamt 80 Urnen- und Erdbeerdigungen bietet, ist ein geschwungener Weg angelegt, im Zentrum eine sehr große Holzbank in Form des Buchstabens S – der Buchstabe steht für Sappho. Sappho war die antike und vielfach gerühmte Dichterin der Liebe unter Frauen, lesbische Beziehungen wurden früher oft als sapphische Liebe bezeichnet.

Vier Gräber sind bislang, also seit der Eröffnung im Jahr 2014, auf dem Frauenfriedhof angelegt worden, das jüngste stammt aus dem Jahr 2017, ein poliertes, in seinen Konturen genau gewähltes Buchholzstück dient als Grabstele für eine im sehr hohen Alter verstorbene Frau. Weitere Gräber sind reserviert, jedoch noch nicht gekennzeichnet.

Bei seiner Eröffnung wurde der Frauenfriedhof scheel angesehen und auf erwartbare Weise verhöhnt. In der *Welt* las man: »Der Berliner Lesbenfriedhof wird so eingeweiht. Vier Frauen mit roten Mützen stellen sich also auf eine Bank. Die Bank hat eine Schreinerin gemacht, die Wilma heißt. Die Vögel zwitschern, so frühlingsonnenfröhlich im Hintergrund.« Und weiter: »Was auch auffällt ist, dass lesbische Frauen, die sich für eine lesbische Bestattung interessieren, sehr häufig Funktionsjacken der Firmen The North Face oder Jack Wolfskin tragen. Sie sehen die Dinge eher praktisch. In der Mode, wie im Tod.« Selbstverständlich ist der Autor dieser Sätze ein Mann, der wohl glaubte, sich auf diese Weise mit der nichtlesbischen Mehrheit seiner Leserinnen und

Gesamtansicht der Anlage

Leser gemein machen zu können. Und selbstredend fanden auch einige religiöse Gruppen diese Friedhofsidee geschmacklos.

Dabei folgt diese Anlage nur dem Wunsch einer Verstorbenen, einem letzten Willen, den man ja eigentlich berücksichtigen soll, wenn schon nicht aus Einsicht, so aus Gründen der Nächstenliebe, die nicht nur christlich konnotiert ist, sondern auf der auch jede liberale Moralphilosophie fußt. Astrid Osterland, die treibende Kraft hinter diesem Areal, betonte vor der Presse, dass das Gelände nicht umzäunt ist, also nicht ausgrenzend abgeschieden. Im Verein SAFIA e.V. – Lesben gestalten ihr Alter, dem Gründungsverein der SAPPhO-Frauenwohnstiftung, die aus einem Wohnprojekt heraus entstanden ist und diese paar Quadratmeter verwaltet, war sie lange Zeit federführend. Zu *Spiegel Online* sagte sie: »Meine Generation hat für die Rechte der Lesben gekämpft. Es ist endlich an der Zeit, dass auch wir einen eigenen Friedhof bekommen.«

»Entstanden ist ein lichter Ort, wo sich Leben und Tod verbinden, eigene Formen von Friedhofskultur entwickelt und Gemeinschaft von Lesben über den Tod hinaus gelebt werden können«, heißt es auf der Website der Stiftung. Nur Dummköpfe aller Geschlechter werden das belächeln.

Die, die solche Ideen verhöhnen, fühlen sich offenkundig angegriffen. Zu Recht. Denn genau sie sind es, die mit ihren Vorurteilen und Entäußerungen bis heute Lesben verfolgen, die einfach auch nur leben wollen, wie es ihnen gefällt. Wenn ihnen das nicht vergönnt war, wenn sie über Jahre, ja, Jahrzehnte mit besserwisserischen Männern und mit allgegenwärtiger Homophobie leben mussten, warum sollten sie nicht wenigstens im Tod ihren Frieden haben dürfen? Selbst ein christlicher Hetero sollte das begreifen, nimmt er die Worte Jesu auch nur halbwegs ernst. Man lasse dieses gepflegte Stück in diesem verwildernden Gottesacker einfach in Ruhe. Die hier beigesetzten Toten werden niemanden attackieren. Sie wollen nur in Ruhe gelassen werden.

Adresse

Berliner Frauenfriedhof, auf dem Kirchhof I der Evangelischen Georgen-Parochial-Gemeinde, Greifswalder Str. 229, 10405 Berlin
Geöffnet täglich ab 8 Uhr bis Einbruch der Dämmerung.

In der Nähe:

Urban Gardening-Projekt der Grünen Liga, Eingang über Heinrich-Roller-Straße (gegenüber der Grundschule), 10405 Berlin
Immer montags von 16 bis 19 Uhr

Grab für Thorarollen

8

Jüdischer Friedhof Weißensee

Wo das Leben schläft

Mit hohen Bäumen und Efeu empfängt uns der Jüdische Friedhof in Weißensee. Nein, das stimmt nicht ganz. Zunächst fährt man auf den einzigen Eingang zu, der früher an der Herbert-Baum-Straße lag. Vor über zwanzig Jahren wurde der Platz vor dem Friedhofszuggang in Markus-Reich-Platz umbenannt, nach einem 1911 verstorbenen Pädagogen, der sich sehr um den Unterricht für Taubstumme verdient gemacht hat und dessen Grab, ein Ehrengrab, selbstverständlich auch auf dem Friedhof zu finden ist.

Der Eingang ist mächtig, eine hohe, würdige Backsteinmauer empfängt uns, schmiedeeisenere Gittertore, hier wird der kommende Triumpf des Lebens über den Tod zelebriert von einer selbstbewussten Gemeinde. Das soll uns angezeigt werden.

Gleich hinter dem Tor bin ich als Mann aufgefordert, eine Kopfbedeckung zu tragen, freundlicherweise verleiht diese die Friedhofsverwaltung kostenlos, inklusive einer Haarklammer, mit der ich die Kippa an meinem Haupthaar befestigen kann – wie dies Männer ohne Haupthaar anstellen, frage ich mich, doch ich überlege nicht allzu lange.

Wir gehen rechts um das beeindruckende Hauptgebäude herum. Es wurde um 1880 nach Entwürfen von Hugo Licht gestaltet, der zu dieser Zeit schon Stadtbaudirektor in Leipzig war. Das Gebäudeensemble besteht aus einer großen Trauerhalle sowie zwei kleineren Seitenbauten, in denen sich die Friedhofsverwaltung und das Taharahaus befinden, das Gebäude, in dem die vorgeschriebenen religiösen Leichenwaschungen vollzogen werden.

Alle drei sind durch hohe Arkadengänge mit einem zentralen Torhaus und somit auch miteinander verbunden.

Auf der Hinterseite des Gebäudes sehen wir etwas zweifach Beeindruckendes. Zum einen finden sich an der Friedhofsmauer imposante Großgräber, zum anderen liegt dort ein Grabfeld, das von Bäumen überwuchert ist, an deren Füßen der Efeu wuchert, und dennoch wirkt das Ganze nicht – wie viele Stellen auf dem Friedhof I der Georgen-Parochialgemeinde – wild und ungepflegt, vielmehr scheint es, als hätten sich hier die Natur und ihre darin ruhenden Nutzer geeinigt.

Erstaunt ist man an dieser Stelle auch daher, weil man von jüdischen Friedhöfen, die vor 1933 angelegt worden sind, immer nur einen Anblick gewohnt ist – den der Zerstörung, der Aufgabe oder der mühevollen Wiederherstellung. Dieses Bild bietet der oben schon beschriebene alte Jüdische Friedhof an der Großen Hamburger Straße, und auch sein Nachfolger, der Jüdische Friedhof an der Schönhauser Allee, der ab 1827 genutzt wurde, fiel einem wütenden antisemitischen Mob zum Opfer und wurde später, im deutschen »Endkampf« um Berlin, noch einmal schwer zerstört.

Es scheint, als hätten sich hier die Natur und ihre darin ruhenden Nutzer geeinigt.

Von all dem ist auf den ersten Blick auf diesem so ruhig daliegenden Friedhof nichts zu sehen, und das hat mehrere Gründe. Der Friedhof Weißensee, der mit einer Größe von zweiundvierzig Hektar, was annähernd sechsundachtzig Fußballfeldern entspricht, ist nicht nur noch immer die größte jüdische Ruhestätte Europas, nein, er wird auch seit seiner Eröffnung durchgehend benutzt. Selbst in den letzten Monaten des so genannten Dritten Reiches wurde hier beerdigt. Und seltsamerweise wurde die Ruhestätte als solche nicht systematisch von den sich als Nationalsozialisten und Arier begreifenden nichtjüdischen Deutschen angegriffen, sieht man von einer »Entschrottungsaktion« im Sommer 1938 ab, bei der die Nazis viele Metallbänder von den Umzäunungen und viel wertvolle Schmiedekunst von den Gräbern entfernten. Dieses Metallsammeln für den bereits in Vorbereitung befindlichen Weltkrieg betraf zwar auch viele christliche Friedhöfe in Berlin, doch andernorts wurde es offenkundig nicht mit demselben Eifer verfolgt wie hier. Selbstredend kamen auch Schändungen durch einzelne Antisemiten hinzu.

Warum der aufgepeitschte Mob die Grabstätte nicht im großen Stil zerstörte, kann man wohl am besten damit erklären, dass man ja auch einen Ort brauchte, an dem die vielen zunächst in den KZs und anderen Haftanstalten zu Tode geprügelten, den bei der so genannten »Reichskristallnacht« getöteten und dann den in den KZs ermordeten Juden beerdigt werden konnten. In den Anfangsjahren des Braunen Terrors wurde einigen jüdischen Berliner Familien tatsächlich noch die Asche ihrer sofort kremierten Verwandten zugeschickt.

Dass die Nationalsozialisten es nicht bei verbalen Attacken gegen Juden und Sachbeschädigungen belassen würden, war ihnen bereits vor 1933 klar. So also hat der Friedhof im Gegensatz zu den meisten Mitgliedern der jüdischen Gemeinde in Berlin, von denen mindestens fünfundfünzigtausend ermordet wurden, den Terror der Nazis verhältnismäßig unbeschadet überstanden.

Auch dieser Ort beherbergt viele Tote, die zwar nicht direkt von den Nazis ermordet worden sind, für deren Ableben jedoch die deutschen Volksgenossen allein die Schuld tragen. So berichtet die Filmemacherin Britta Wauer in ihrem einfühlsamen, von der Fotografin Amélie Losier begleiteten Buch »Der jüdische Friedhof Weißensee – Momente der Geschichte« vom Tod des Ehepaars Charlotte und Leopold Jacob. Sie, 1891 geboren, und er, 1875 auf die Welt gekommen, verstarben beide am 21. Mai 1940, wie ein erst vierzig Jahre nach ihrer Beerdigung von Verwandten gesetzter schlichter Marmorstein verrät. Die schreckliche Geschichte dahinter erzählt Britta Wauer folgendermaßen: »Am 20. Mai 1940 besuchte Leopold Jacob seine Schwester im Westen Berlins. Es war sein 67. Geburtstag. Vielleicht hatte er einen schönen Nachmittag verbracht, vielleicht vergaß er darüber die Zeit – jedenfalls fürchtete er, nicht rechtzeitig vor Beginn der Sperrstunde für Juden zurück in Pankow bei seiner Frau Charlotte zu sein. So entschloss er sich, bei seiner Schwester zu übernachten. Seiner Frau konnte er diese Entscheidung nicht mitteilen, da sie kein Telefon besaß. Charlotte aber wartete zuhause und rechnete mit dem Schlimmsten: sie glaubte, ihr Mann sei von der Gestapo verhaftet worden. Als Leopold am nächsten Morgen nach Hause kam, fand er Charlotte tot auf. In ihrer Verzweiflung hatte sie sich das Leben genommen. Daraufhin wählte auch Leopold den Freitod.«

Viele Juden, die von den Nazis geschunden wurden, schafften es nicht mehr, rechtzeitig zu emigrieren – zum Teil hofften sie, es werde nicht noch schlimmer kommen. Viele blieben aber auch mit Rücksicht auf ihre Verwandten in Deutschland oder konnten einfach nicht weg, da ihnen die finanziellen Mittel fehlten. Und die Nazis beschlagnahmten oft bei der Ausreise noch einmal einen Großteil des geringen noch verbliebenen Vermögens. Daher brachten sich viele Verfolgte um, verfolgt, verarmt und durch die jahrelange Gängelung zermürbt, ohne Hoffnung – hoffnungslos auch, weil Nazideutschland zu Beginn des von ihm entfachten Weltkrieges unbesiegbar erschien.

Einige von denen, die das Land nicht verlassen konnten, tauchten bei Freunden oder Bekannten unter. Andere wiederum versteckten sich, wenigstens für ein paar Tage, auf dem Weißenseer Friedhof in den kaum noch besuchten Mausoleen. All jenen illegal in Berlin weilenden Juden, denen das Überleben der Nazizeit

Renovierungsbedürftiges Prachtmausoleum Ascher Alber Michaelis

nicht gelang und die in ihren Verstecken starben, organisierte der seit 1943 auf dem Friedhof zuständige Rabbiner Martin Riesenburger anonyme Bestattungen – heimlich, unter Einsatz von Leib und Leben. Diese Toten wurden auf einem Areal beerdigt, das eigentlich kein Teil des Friedhofs war, sondern stets für eine Straße, die man schon bei Eröffnung der Grabstätte projektiert hatte, freigehalten wurde.

Es ist im Judentum nicht üblich, Grabstellen einzuebnen, mit Rücksicht darauf, dass es in einem der zentralen Gebete, dem Achtzehngebet, dem Schmone-Esre, sinngemäß heißt: »Du ernährst die Lebenden mit Gnade, belebst die Toten in großem Erbarmen, stützest die Fallenden, heilst die Kranken, befreist die Gefesselten und hältst die Treue denen, die im Staube schlafen. Wer ist wie du, Herr der Allmacht, und wer gleichet dir, König, der tötet und belebt und Rettung erwachsen lässt.« Der Tote ruht, bis der Tag der Auferstehung anbricht. Daher verbietet sich auch jede Neubelegung eines Grabplatzes.

In der DDR wurde der Jüdische Friedhof Weißensee zwar gelegentlich – oft nur aus Pietätlosigkeit, und nicht direkt aus antisemitischer Absicht heraus – missbraucht, etwa, indem er als Kinderspielplatz diente oder auch indem erwachsene Nachbarn ihn nutzten, um über die Mauer hinweg volle Bierflaschen vom Lagerplatz einer angrenzenden Brauerei zu klauen. Ansonsten wurde die Verwaltung in ihrem Tun zunächst nicht offiziell eingeschränkt.

Jungen Jüdinnen und Juden war es in der DDR allerdings oftmals verwehrt, ihren Glauben auszuüben, da es bekanntlich einen sozialistischen Antisemitismus gab, der etwa Anfang der fünfziger Jahre im tschechischen Slánský-Prozess seinen Höhepunkt fand, und auch in der SED für antisemitische Ausfälle sorgte. Dies war aber nicht der Hauptgrund für die Religionslosigkeit vieler junger Jüdischstämmiger. Da Religionen generell unter Verdacht standen und junge Jüdinnen und Juden zudem als Agenten Israels betrachtet wurden, sahen sich Religiöse mit Disziplinarmaßnahmen belegt. Sie mieden daher die Glaubensstätten.

Älteren jüdischen Mitbürgern gestattete man hingegen die Religionsausübung und dementsprechend auch die Beerdigung auf dem Weißenseer Friedhof – in den letzten Jahren der DDR mussten allerdings ein West-Berliner Geistlicher dafür sorgen, dass die traditionelle Beerdigungsordnung eingehalten werden konnte. Die West-Berliner Gemeinde hatte bereits vor dem Bau der Mauer einen neuen jüdischen Friedhof an der Heerstraße begründet, sodass von dieser Seite her kein Bedarf mehr an Gräbern auf dem Weißenseer Friedhof bestand. Der Friedhof schien mit der Gemeinde nun doch zu sterben.

Verfall

Der Sanierungsbedarf für die Gräber und die Grabsteine war erheblich, doch da es kaum noch Mitarbeiter auf dem Friedhof gab, war der Verfall kaum aufzuhalten. Bis 1974 wurde er fast allein durch einen Friedhofsgärtner gepflegt, spätestens danach verfiel der Friedhof sehr. Es wurden viele Grabsteine umgeworfen, über zweitausend Grabsteine wurden in den letzten Jahren der DDR zerstört, hunderte Gräber durch Grabraub geschändet.

Dass der Magistrat Ost-Berlins den Friedhof 1977 als Denkmal der Kulturgeschichte anerkannt und geringe Mittel zur Pflege der Grabstellen zur Verfügung gestellt hatte, half da wenig, auch stellten Verwandte, die im westlichen Teil der im Kalten Krieg gespaltenen Welt lebten, nach dem Fall der Mauer entsetzt fest, dass, obschon sie teilweise erhebliche Summen zur Pflege eines Grabes überwiesen hatten, diese offenkundig nie für einen solchen Zweck eingesetzt worden waren und wahrscheinlich eher dazu dienten, den Devisenhandel der maroden DDR aufrecht zu erhalten. Zudem mussten einige der im Weltkrieg durch Bomben stark zerstörten Gebäude, wie etwa die 1910 erbaute zweite Trauerhalle, abgetragen werden. An sie erinnert heute nur ein grüner Hügel auf dem Gelände, unter dem der Bauschutt gesammelt ist.

Anfang der achtziger Jahre kam es dann beinahe zu einem politischen Eklat von internationalem Ausmaß. Die oben erwähnte Straße, die schon lange projektiert war, sollte nun, da der Ost-Berliner Stadtteil Hohenschönhausen rasant wuchs, tatsächlich gebaut werden. Statt einer normalen Straße war sogar eine vierspurige Stadtautobahn geplant, wie ein bis heute erhaltenes Modell zeigt. Tatsächlich gehörte ein Großteil des dafür vorgesehenen Streifens nie der jüdischen Gemeinde. Doch, wie schon erwähnt, genau auf diesem Streifen hatten ausgerechnet jene Jüdinnen und Juden, die illegal in der nationalsozialistischen Hauptstadt lebten, ihre letzte Ruhestätte gefunden. Die Empörung in den westlichen Medien war groß – und angesichts der Zerstörungen, der jüdische Einrichtungen und Friedhöfe selbst nach dem Zweiten Weltkrieg im Westen ausgesetzt waren, wirkte diese zudem ein bisschen bigott. Doch sie wirkte. Ein Brief des legendären Vorsitzenden der Jüdischen Gemeinde in West-Berlin, Heinz Galinski, den dieser an Erich Honecker richtete, stoppte die Bauarbeiten im Wortsinne schließlich in letzter Minute. Die Bagger standen schon bereit.

Die Empörung in den westlichen Medien war groß.

Auf dem Gelände des Jüdischen Friedhofs Weißensee liegen rund hundertfünfzehntausend Gräber, und es werden – auch infolge des Anwachsens der jüdischen Gemeinde in der Haupt-

Grabfeld E 2

stadt – wieder mehr. Man findet selbstverständlich viele ältere, aber auch jüngere Gräber mit hebräischen Schriftzeichen, der jüdischen Zeitrechnung, der zufolge wir uns im sechsten Jahrtausend befinden, wird wieder vermehrt Rechnung getragen. Hinzu kommen viele Grabsteine, die weder in hebräischen, noch in lateinischen Buchstaben behauen sind, sondern stattdessen kyrillisch beschrieben wurden. Dies ist vor allem durch den massiven Zuzug von Jüdinnen und Juden aus der ehemaligen Sowjetunion, in deren Nachfolgestaaten, vor allem in Russland, die nationalistische orthodoxe Kirche eine regelrechte antisemitische Kampagne fährt, zu erklären.

Der Jüdische Friedhof Weißensee ist also im besten Sinne aktiv. Wie eingangs erwähnt, finden sich auf dieser Anlage viele Erbbegräbnisse, manche der Denkmäler kann man ruhig als

Monumentalgräber bezeichnen. In solchen liegen etwa der Verleger Samuel Fischer (1859–1934), ohne dessen Wirken die deutsche Literatur heute vermutlich eine andere, nicht eben bessere wäre, der bedeutende Zeitungsverleger Rudolf Mosse (1843–1920) oder der Warenhausbetreiber Hermann Tietz (1837–1907). Der Bau solcher Grabdenkmäler schickt sich eigentlich für strenggläubige Jüdinnen und Juden nicht. Doch als dem aufstrebenden Judentum, das in Preußen bis 1869 unter Sondergesetzen litt, endlich auch alle Bürgerrechte zugestanden wurden, wollten auch die mehr oder minder gläubigen jüdischen Familien, ebenso wie das schon länger zu Ansehen gekommene christliche Bürgertum, ihre gehobene gesellschaftliche Stellung sogar noch nach ihrem Ableben unter Beweis stellen. Dies taten sie auf verschiedene Weise, etwa, indem sie sich besonders darum bemühten, im Ersten Weltkrieg ihre Vaterlandsliebe zu bezeugen – mit enormem Blutzoll, wie die Grabstätte für Frontkämpfer auf dem Weißenseer Friedhof belegt. In der Nähe der heutigen Indira-Gandhi-Straße ist ein großes Feld für gefallene jüdische Soldaten des Ersten Weltkrieges zu begutachten, um dessen Pflege sich die Bundeswehr inzwischen regelmäßig bemüht.

Und auch mit Grabstätten, die ihr Angekommensein in der deutschen Bürgergesellschaft belegten, feierten sich die jüdischen Familiengründer als Staatsbürger. Eines davon ist das Mausoleum für Sigmund Aschrott (1826–1915), das der oben bereits erwähnte Architekt und Schöpfer vieler Nationaldenkmäler, Bruno Schmitz, geschaffen hat. Er sorgte für die Erschließung des Vorderen Westens, eines Stadtteils von Kassel, der, vom Bombardement, das die Deutschen infolge des von ihnen entfesselten Weltkriegs erleben durften, weitgehend verschont blieb und heute sehr beliebt ist. Aschrott ließ seine 1890 in Wien verstorbene Frau Anna 1904 in das Mausoleum umbetten, er selbst, inzwischen wegen zunehmender antisemitischer Anfeindungen aus

Gräber im Wald

der Stadt, die ihm so viel zu verdanken hatte, nach Berlin umgesiedelt, folgte elf Jahre später. Ihr Mausoleum gilt als das größte Berlins.

Wie Britta Wauer berichtet, kamen die Nachfahren der Aschrotts allerdings, als sie nach dem Mauerfall von dem sehr guten Zustand des Mausoleums aus roten Granit erfuhren, auf eine auf den ersten Blick merkwürdige Idee – sie baten darum den teuren Stein verkaufen zu dürfen. Das wurde ihnen verwehrt, da sich das Erbbegräbnis juristisch ja weiterhin im Besitz des Bauherrn befindet. Es zeigt allerdings, dass die Nachfahren solch vermögender Menschen wie Sigmund Aschrott sich offenkundig in einer finanziellen Notlage befinden. Aber weder haben sie ihr Vermögen verspielt noch sonstwie verjuxt – sie oder ihre Vorfahren wurden enteignet, das wirkt bis heute nach.

Ein anderes Monumentalgrab ist das von Ascher Albert Michaelis, im westlichen Winkel des Friedhofs gelegen, auch dieses ein Erbbegräbnis. Wie das Landesdenkmalamt 2010 in dem Buch »Unter jedem Grabstein eine Weltgeschichte« feststellte, ist über den Patriarchen und seine Familie wenig zu erfahren. Über das Grabmal weiß man hingegen eine Menge: »Unter den historisierenden Wandgrabmalen an der Nordwest- und der Südwestmauer hat es einen privilegierten Platz gefunden. Sechzehn korinthische Säulen auf halbhohem Sockel bilden einen offenen, pavillonartigen Zentralbau, bekrönt von einer oben geöffneten Kuppel mit einem achteckigen, in halbrunde Bögen aufgelösten Tambour. Das künstlerisch bedeutende Bauwerk kann als einfühlsame Nachbildung der italienischen Hochrenaissance betrachtet werden und wurde 1884 von dem Architekten August Orth entworfen, nach dessen Plänen eine Vielzahl von Sakralbauten, wie etwa die Gethsemane- und die Zionskirche in Berlin, erbaut wurden.« Noch immer ist das Grabmal von einem provisorischen Dach aus Holz notdürftig geschützt, noch immer wird jemand gesucht, der für die Restaurierung dieses bedeutenden Bauwerks aufkommt. Aber schon 2010 wurden fünfundsiebzigtausend Euro für die Restaurierung veranschlagt. Heute dürfte eine weit größere Summe nötig sein.

Auf dem Friedhof spazieren wir durch einen Wald. Bäume dominieren das Bild, sie wachsen fast allerorts ungehindert, sie heben Grabsteine von ihren Sockeln, sie verwandeln das Gelände in einen Hain, so soll es nicht sein, und doch, hier geht es ja auch um das Weiterleben, nicht nur in der Erinnerung. Blumenbeete und Grabschmuck über den Grabstein hinaus sind in der jüdischen Tradition eher ungewöhnlich, strenggläubige Jüdinnen und Juden werden schon die Mausoleen, die sich die stolzen Neubürger Deutschlands um die vorletzte Jahrhundertwende erlaubten, sehr stören.

Rahel weint um ihr Kind!

Als Nichtjude bin ich beklommen, obschon sich meine Großeltern in der Nazizeit nicht durch eine Beteiligung an Verbrechen hervorgetan, sondern sich sogar ein bisschen heimlichen Widerstand erlaubt haben. Einem Bekannten, dessen Eltern jüdischen Glaubens sind, geht es allerdings genauso. Anders als er trage ich die geliehene Kippa jedoch fast stolz, ich bin froh, hier durch diese Kopfbedeckung zeigen zu können, dass ich nicht ein Teil jener sein will, die den Vernichtungsantisemitismus leugnen oder ihn mit der bizarren These vom Weltbürgerkrieg rechtfertigen wollen. Und zugleich weiß ich, dieses Gefühl ist sehr deutsch, ist sehr davon geprägt, wie sehr man sich ex negativo mit den Täterinnen und Tätern verbunden fühlt, und sei es allein durch die im Pass verzeichnete Nationalität.

Obschon die Shoah, also die auf perfide Weise und in kalter Industrielogik vollzogene Ermordung eines Großteils der europäischen Jüdinnen und Juden, auf diesem so verhältnismäßig intakten, so grünen, ja, so lebendigen Friedhof zunächst so abwesend scheint, ist sie permanent anwesend. Etwa mit der hier vorhandenen Plakette für Else Ury (1877–1943), die mit ihrer später verfilmten »Nesthäkchen«-Buchreihe als eine der bekanntesten Kinderbuchautorinnen der Weimarer Zeit gilt, und 1943 in Ausschwitz ermordet wurde. »Mögen es bald die Friedensglocken sein, die Deutschland durchjubeln – das walte Gott. Mit diesem Wunsche nehme ich Abschied von Euch, meine lieben jungen Leserinnen. (…) Wenn das schwere Ringen zu Ende und ein siegreicher Frieden unserer teuren Heimat beschieden ist, dann erzähle ich Euch, was aus Doktors Nesthäkchen wurde.« Diese Sätze stehen in dem nach 1918 erschienene Band »Nesthäkchen und der Weltkrieg«, sie wiesen die Autorin als nationalgesinnt aus. Noch nach dem Reichstagsbrand veröffentlichte sie ein Buch, »Jugend voraus«, in dem sie »aufbauwillige Deutsche« feierte. Ury wurde von einem auch sie inkludierenden Antisemitismus, der sich durch Nationalismus nicht mehr wettmachen ließ, vermutlich wirklich überrascht – und konnte dann nicht mehr entkommen.

Ein anderer Zeuge ist Leo Baeck (1873–1956), der bedeutende Rabbiner und Reformer, der wider Willen ab 1933 unter den

Nazis die Anliegen der Juden – und auch jener, die nur laut der nazistischen Rassegesetze als solche galten – zu vertreten hatte. Baeck hatte Kontakte zur Widerstandsgruppe um Carl Friedrich Goerdeler, war also aktiv am Widerstand gegen die Nazis beteiligt. Er hat einen Grabstein auf dem Jüdischen Friedhof Weißensee, neben seiner Frau Natalie Baeck, geborene Hamburger (1878–1937), die einem Herzschlag erlag. Sein Grab ist jedoch nicht belegt. Beider Grab gibt es gerechterweise noch einmal in London – dort starb er am 2. November 1956.

Schließlich, und damit sind wir fast schon wieder an der Ausgangsposition, findet sich unweit des Gebäudes, in dem die Kippas vergeben werden, eine Gedenkstätte für die Thorarollen, die im Nazireich geschändet wurden. Viele andere Thorarollen waren versteckt und halfen nach dem Krieg bei dem Wiederaufbau der Gemeinden. Doch hier in der Gedenkstätte sind neunundneunzig Rollen beigesetzt, die dem Glauben gemäß ein Anrecht auf ein Grab haben.

Nicht vergessen sein soll hier schließlich Herbert Baum, ein nicht religiöser, kommunistischer junger Mann jüdischer Abstammung, dessen Widerstand die zum Friedhof hinführende Straße ihren Namen verdankt. Baum ist infolge von Misshandlungen durch die Nazis gestorben oder hat sich weiterer Folter durch Selbsttötung entzogen, man weiß es nicht genau. Er war einer der führenden Köpfe einer Widerstandsgruppe, die versuchte, junge Berlinerinnen und Berliner für den Kampf gegen die Nazis zu gewinnen, 1942 verübte die mit bis zu fünfundvierzig Mitgliedern verhältnismäßig große Gruppe einen Brandanschlag auf die Propagandaausstellung »Das Sowjetparadies« unweit des Berliner Lustgartens, durch Denunziation flogen sie auf. So auch Herbert und Marianne Baum. Achtundzwanzig Mitglieder der Gruppe wurden in den Jahren 1942 und 1943 ermordet. Das Ehrengrab für Herbert Baum ist zugleich ein Denkmal für

Rückseite Grabstein Herbert Baum

die ganze Gruppe. An ihre Schicksale zu denken, lässt mir die Tränen aufsteigen.

Nicht genug, dass der Jüdische Friedhof Weißensee die Besucherinnen und Besucher so entlässt – direkt hinter seinem Eingangstor, das auch als Ausgang dient, steht ein Denkmal für jene, die älter, erfahrener, weiser hätten sterben dürfen, hätte es den Holocaust nicht gegeben. Wenn Gott denn wirklich die Toten erweckt – wo soll er ihre Überreste finden? Wo soll Gott sie abholen, nachdem die Nazis sie verbrannt und ihre Asche entsorgt haben, zusammen mit der Asche so vieler gleichfalls die Auferstehung ersehnender Menschen anderer Religionen? Die Akten sind teilweise verbrannt, die Namen unbekannt. Hier, am Eingang und Ausgang des Friedhofs steht ein Denkmal für all jene, die nicht einmal eine Ruhestätte haben.

Selbst die entschlossene Atheistin, selbst der entschlossene Atheist sollte spätestens hier erschaudern.

Adresse

Jüdischer Friedhof Weißensee, Herbert-Baum-Straße 45, 13088 Berlin

Geöffnet von April bis September Montag bis Donnerstag 7.30 bis 17 Uhr, Freitag 7.30 bis 14.30 Uhr, Sonntag 8 bis 17 Uhr, Oktober bis März Montag bis Donnerstag 7.30 bis 16 Uhr, Freitag 7.30 bis 14.30 Uhr, Sonntag 8 bis 16 Uhr

Eingang Moschee und Gedenkstele

9

Türkischer Friedhof Columbiadamm

Wo der Islam zu Deutschland gehört

Der Türkische Friedhof am Columbiadamm ist in vielerlei Hinsicht ein Beispiel für die widersprüchliche und doch so eng miteinander verflochtene Geschichte von Türken und Deutschen. Wir trauen uns zunächst nicht recht auf das Gelände, das seit einigen Jahren von einer überaus aufwendig gestalteten Friedhofsmauer eingefasst ist und zu Füßen einer imposanten Moschee liegt, doch dann sehen wir, dass es neben der Moschee ein Kulturzentrum gibt, davor sitzen Männer an einem Bistrotisch und genießen die Sonne. In der Moschee gibt es offenbar gerade eine Führung. Die Männer am Tisch erzählen Witze, neben ihnen surrt leise ein Kühlschrank, der für die Firma Coca Cola wirbt.

Der Türkische Friedhof selbst ist sehr klein. 220 Gräber sind bekannt, circa 150 davon noch erhalten. Sie sind allesamt sehr alt, dieser Friedhof nämlich ist bereits seit Mitte der siebziger Jahre nicht mehr aktiv und nun in seiner Gesamtheit als Gartendenkmal in der Denkmalliste des Landes Berlin verzeichnet. Er blickt auf eine sehr lange Geschichte zurück. Er ist umschlossen vom heutigen Friedhof Columbiadamm, dem früheren Neuen Garnisonfriedhof, der zuvor wiederum teilweise Friedhof hinter der Hasenheide hieß. Ein neuer Garnisonfriedhof war Mitte des 19. Jahrhunderts nötig geworden, da der alte, in Mitte gelegene, restlos überfüllt war.

Der Preußenkönig Wilhelm I., der spätere deutsche Kaiser, überließ einen Streifen des Geländes dem osmanischen Sultan Abdul Aziz für die Beerdigung von Botschaftspersonal und für alle anderen Muslime in der Hauptstadt Preußens. 1866 wurde der Friedhof eröffnet, der Preußenkönig hatte dem Verbündeten am Bosporus sogar noch einen heute nicht mehr erhaltenen Torbogen spendiert.

Bereits vorher schon waren Gesandte des Osmanischen Reiches in Berlin beerdigt worden. Als erster Ali Aziz Efendi, der ab 1763 seinen Dienst in Preußen versah und bis zu seinem Tod im Ephraim-Palais in Mitte residierte. Laut einer Gedenktafel war er »osmanischer Botschafter in Preußen, Minister des Kaiserlichen Diwans, oberster Schatzmeister von Anatolien, als Schriftsteller Wegbereiter der türkischen Moderne. Sein Buch ›Muhayyelat‹ (Phantasien) ist das erste im westlichen Stil verfasste Werk der türkischen Literatur.« Die Gedenktafel befindet sich an der ersten Grabstelle für Ali Aziz Efendi, am Zugang zur deutsch-türkischen Aziz-Nesin-Europaschule in der Kreuzberger Urbanstraße. Er wurde dort vor den Augen der staunenden Berliner Bevölkerung nach islamischem Ritus bestattet. 1804 starb ein weiterer Botschaftsangehöriger des Osmanischen Reiches, Mehmet Esad Efendi, der am selben Ort beerdigt wurde. Zwischen 1806 bis 1812 geriet die Grabstelle fast völlig in Vergessenheit, doch 1836 wurde sie zufällig wiederentdeckt. Friedrich Wilhelm III. ließ daraufhin den Friedhof und dessen Umgebung restaurieren. Hier wurden dann später noch weitere osmanische Botschaftsangehörige beigesetzt.

Somit lag der erste islamische Friedhof Preußens an der Urbanstraße, doch er sollte alsbald einem Kasernenneubau weichen müssen. Das machte die Anlage des Türkischen Friedhofes am heutigen Standort vonnöten. 1866 wurden die Überreste der Verstorbenen im Rahmen einer religiösen Zeremonie auf den heutigen Friedhof verbracht. Sultan Abdulaziz ließ zu ihrem Andenken ein Denkmal errichten, das man bis heute besichtigen kann.

Insofern steht der Friedhof auch für die enge Freundschaft, die das Osmanische Reich und Preußen, beziehungsweise das Deutsche Reich, miteinander verbanden. Nicht umsonst kämpften die Osmanen im Ersten Weltkrieg als Verbündete. Einige verwundete türkische Soldaten wurden in diesem Krieg auch nach Berlin gebracht und starben hier. Daher ist der Türkische Friedhof zugleich eine Kriegsgräberstätte. Diesem Umstand verdankt er auch seinen heutigen Namen – Şehitlik Friedhof, zu deutsch: Friedhof der Märtyrer. Das Gelände gehörte zunächst der türkischen Botschaft und ist heute im Besitz des türkischen Verteidigungsministeriums, wie dies für Kriegsgräberstätten üblich ist.

Der Friedhof wurde seit seiner Gründung gut angenommen, 1921 kaufte man noch ein siebenhundert Quadratmeter umfassendes Stück Land hinzu. Doch allzu viele Beerdigungen fanden hier nicht statt, die Anzahl der in Berlin lebenden Muslime war bis in die siebziger Jahre hinein überschaubar, auch wollten sich viele Muslime lieber in der Nähe ihres Geburtsortes bestatten lassen als in der Fremde.

Allzu viele Beerdigungen fanden hier nicht statt.

Nach dem Untergang des Osmanischen Reiches und der Gründung der modernen Türkei im Jahr 1923 änderte sich die Beziehung, obschon der politische Begründer der neuen Türkei, Kemal Atatürk, sehr viel auf Deutschland hielt. Es gab schon zuvor neue, politische Gründe, um nach Berlin zu kommen. So etwa für die Politiker Cemal Azmi Bey und Dr. Bahattin Sakir Bey. Über sie wusste Daniel Bax 2012 in der *taz* zu berichten: »Nicht nur Historiker machen die beiden für Massenmorde an Armeniern im Ersten Weltkrieg verantwortlich: Ein osmanisches Kriegsgericht in Istanbul verurteilte sie deshalb 1919 in Abwesenheit zum Tode, doch die Briten ließen sie frei; beide wurden im April 1922 in Berlin von armenischen Rächern erschossen. Hier, zwischen verwitterten Grabstelen aus alten Zeiten, lagen ihre

Gräber schon immer. Doch erst im vergangenen Jahr wurden sie aufwendig erneuert. Seither prangt auf zwei Marmorsteinen die Inschrift: ›Von armenischen Terroristen ermordet.‹ Über die Verbrechen, die den beiden angelastet werden, findet sich dagegen kein Wort. Bei der Şehitlik-Moscheegemeinde mag man darin kein Problem sehen. ›Die Gräber wurden bewusst erneuert, um zu zeigen, dass es in dieser Zeit auf beiden Seiten Massaker und auch unzählige muslimische Opfer gab, was gerne vergessen wird‹, sagt Ender Cetin, der Vorsitzende der Ditib-Moschee.« Seither reißen die Proteste von Armeniern gegen den Grabkult um die beiden Verblichenen nicht ab.

Auch Talat Paşa, der als Innenminister des Osmanischen Reiches der Hauptverantwortliche für den Völkermord an den Armeniern war, wurde in Abwesenheit zum Tode verurteilt. Im März 1921 erschoss Soghomon Tehlirian den früheren Innenminister in der Nähe seiner Wohnung in der Hardenbergstraße. Tehlirian war Mitglied des geheimen armenischen Kommandos Operation Nemesis, das die Verursacher des Genozids an den Armeniern verfolgte und tötete. Ein deutsches Gericht sprach ihn nach der Tat frei. Talat Paşa wurde auf dem Türkischen Friedhof beerdigt, 1943 überführte man seine sterblichen Überreste jedoch unter militärischen Ehrenbezeugungen von Berlin nach Istanbul. Unter Kemal Atatürk galten Paşas Verbrechen nicht mehr als solche, die Nachfolger Atatürks sahen es ebenso.

Persische, afghanische, usbekische, arabische und tunesische Muslime sind hier begraben.

Neben Türkinnen und Türken stand der Türkische Friedhof stets allen anderen Muslimen offen. So sind hier etwa persische, afghanische, usbekische, arabische oder tunesische Muslime begraben, auch aus allen verschiedenen Schulen des Korans kom-

Gedenkstein für den ersten Islamischen Friedhof an der Urbanstraße

mende, etwa Sunniten und Schiiten, sowie iranische Angehörige des iranischstämmigen Bahá'ítums.

In den sechziger Jahren lud die deutsche Regierung Ausländerinnen und Ausländer, so genannte Gastarbeiter, nach Deutschland ein, da der wirtschaftliche Bedarf an Arbeitskräften enorm war und auf dem nationalen Arbeitsmarkt nicht mehr gedeckt werden konnte. Die Neuankömmlinge richteten sich ein und stellten fest, wie es der wohl bekannteste deutsche Dichter türkischer Abstammung, Aras Ören, einmal so treffend formulierte: »Die Fremde ist auch ein Haus.« Zwar wollten viele von ihnen weiterhin lieber in ihrer alten Heimat bestattet werden, doch die jüngeren Generationen entschieden sich mehr und mehr dafür, in Deutschland, ihrem Geburtsland, bestattet zu werden. Daher war der Şehitlik Friedhof alsbald überfüllt und wurde geschlossen.

Nebenan auf dem Friedhof Columbiadamm wurden neue Felder ausgewiesen, die eine muslimische Bestattung erlaubten, doch 1991 waren die dortigen Kapazitäten erschöpft. Seit 2004 konnten, wie es lapidar in den Verwaltungen heißt, »durch Ablauf von Nutzungsrechten« erneut islamische Grabfelder ausgewiesen werden. Das ist in religiöser Hinsicht jedoch äußerst bedenklich, da Muslime die Neubelegung eines Grabes eigentlich nicht zulassen können. Die Stadtverwaltung trägt dem inzwischen Rechnung und erlaubt die Verlängerung der Nutzungsrechte, um die Verwandten wenigstens in dieser Hinsicht etwas zu beruhigen.

Einen weiteren Friedhof für Muslime gibt es im Spandauer Ortsteil Gatow. Doch auch dieser Friedhof wird bald gänzlich ausgelastet sein – und ist wegen seiner Lage am Stadtrand ohnehin nicht so beliebt. Selbstverständlich ist es inzwischen möglich, andere Friedhöfe, die nicht mehr dem konfessionellen Zwang unterliegen, als Grabstelle zu nutzen, doch ist für gläubige Muslime die Einhaltung der religiösen Regeln wichtig, daher kommt ein städtischer Friedhof meist nicht infrage. Auf dem Friedhof der evangelischen Zwölf-Apostel-Gemeinde in Schöneberg ist 2015 immerhin ein neues Grabfeld für muslimische Bestattungen eingerichtet worden, doch der Bedarf hält an, weitere Begräbnisstätten werden bald benötigt.

Muslimisches Grab

Ein eigener islamischer Friedhof ist allerdings noch nicht in Sicht. Schon 2011 kam eine im Auftrag des Senats erstellte Studie zu der Ansicht, die »Möglichkeit eines eigenständigen islamischen Friedhofs liegt nach bisherigen Erfahrungen und Kenntnissen noch in weiter Ferne. Hier muss sich erst ein geeigneter

Träger herausbilden, der Gewähr dafür bietet, einen solchen Friedhof, der möglichst allen Muslimen der verschiedenen Glaubensrichtungen des Islam offenstehen sollte, langfristig zu betreiben. Vertreter verschiedener islamischer Verbände haben im Dezember 2011 die Absicht erklärt, einen gemeinnützigen Verein zum Betreiben eines solchen Friedhofs gründen zu wollen. Sollte dies erfolgreich sein, ist vom dann gegründeten Verein das erforderliche Antragsverfahren zu absolvieren und ein geeignetes Grundstück zu finden.« Teilbereiche der Friedhöfe an der Hermannstraße werden dafür seit Jahren in Betracht gezogen, doch der Bezirk Neukölln hat sich noch nicht verbindlich geäußert. Weiterhin steht die Kostenfrage im Raum, berichtete die *taz* im Juli 2017. Bis also ein neuer muslimischer Friedhof eröffnet werden kann, muss der Şehitlik Friedhof am Columbiadamm diese Aufgabe weiterhin wenigstens symbolisch erfüllen.

Die Betreiber der Grabstätte nehmen diese Aufgabe auf ihre Weise an. Bereits seit den sechziger Jahren gab es einen kleinen Gebetsraum auf dem Gelände, doch das kleine ehemalige Wachhäuschen reichte nicht aus und wurde 1983 erweitert, schließlich entstand daraus eine Moschee mit Kuppel und Minarett. Der Bedarf war aber weitaus größer, darum wurde nun im großen Stil gebaut. Zwischen 1999 und 2004 entstand auf dem Gelände des Türkischen Friedhofs die Şehitlik Moschee, eine der größten Moscheen Berlins, die bis zu eintausendfünfhundert Gläubigen Platz bietet. Anders als die in den zwanziger Jahren entstandene Ahmadiyya-Moschee in Wilmersdorf, die im indischen Stil gehalten ist, präsentiert sich das Neuköllner Gebetshaus in der osmanischen Architektur des 16. und 17. Jahrhunderts. Auf der Website der Gemeinde heißt es über diesen Geschichtsab-

Das Gebetshaus präsentiert sich in der osmanischen Architektur des 16. und 17. Jahrhunderts.

Grabfelder

schnitt: »Diese Zeit ist geprägt von dem wohl berühmtesten Architekten der islamischen Geschichte, Mimar Sinan, und dauert bis zum Anfang des 18. Jahrhunderts. Danach beginnt der starke Einfluss der europäischen Architektur. Die frühe osmanische Architektur ist der Architektur der Seldschuken, die vorher in Anatolien regierten, ähnlich. Diese Ähnlichkeit ist noch in der Şehitlik Moschee in den Farben (blau-türkis) und einigen Formen, Ornamenten und Umrandungen der Steine zu erkennen.«

Auch die Außenmauer, zuvor nur ein einfacher Backsteinbau mit einem profanen Gitteraufsatz, ist inzwischen verputzt, in denselben Farben gehalten und geschmückt. Der Bau ist sehr schön, doch eben ein bisschen zu bewusst von der Moderne abgewandt. Die Betreiberin, der Verein Türkisch-Islamische Union der Anstalt für Religion (Ditib), steht dem türkischen Staat sehr nahe und gibt sich entsprechend traditionell. Angesichts dessen wirkt es umso lockerer, dass vor dem direkt angrenzenden Kulturzentrum der Coca Cola-Kühlschrank summt.

Mithilfe der neu errichteten Moschee kann sichergestellt werden, dass die religiösen Vorschriften bei der Beerdigung auf dem Nachbarfriedhof und anderen Grablegen eingehalten werden. Bei der Durchführung einer Bestattung nach islamischem Ritus lauten die Regeln wie folgt: Zunächst findet die Totenwaschung statt, daraufhin wird der Leichnam in Leichentücher gehüllt, dann wird das Totengebet aufgesagt und hernach findet die Erdbestattung statt, bei welcher darauf geachtet wird, dass das Grabfeld selbst sowie das Gesicht des oder der Verstorbenen nach Mekka ausgerichtet ist. Daher erkennt man auf gemischtkonfessionellen Grabstätten die muslimischen Grabfelder immer sofort – die Begrabenen liegen niemals Kopf an Kopf.

Allerdings verlangen die Regeln auch, dass die Toten innerhalb von vierundzwanzig Stunden beerdigt werden sollen. Dem steht jedoch das Berliner Grabrecht entgegen, das eine Aufbahrungszeit von achtundvierzig Stunden verlangt. Immerhin aber wurde vor einigen Jahren endlich der »Sargzwang«, wie es die *FAZ* nannte, aufgehoben, nun dürfen die Toten tatsächlich allein in leinenen Leichentüchern ins Grab gelegt werden – eine Erleichterung, die auch die jüdische Gemeinde begrüßte, der es ebenfalls viele

Jahre lang darum ging, eine traditionelle Beerdigung in Leichentüchern erlaubt zu bekommen.

Die Şehitlik Moschee und das angrenzende Gemeindezentrum sorgen heutzutage dafür, dass ein Großteil der in Berlin lebenden gläubigen Muslime so beerdigt werden kann, wie sie es wollen. Dass das über 200 Jahre nach dem Tod des dichtenden Diplomaten Ali Aziz Efendi in Berlin endlich möglich ist, ist ein Gewinn.

Und gerade jenen, die die immer wieder einmal versuchten Brandattentate auf die Moschee begrüßen, sei gesagt, dass der vor der Moschee liegende Friedhof ein Denkmal für die Jahrhunderte währende enge Freundschaft von Osmanen und Preußen, von Türken und Deutschen ist. Er zeigt, dass der Islam in Deutschland schon gelebt – und begrüßt – wurde, als der »Führer« noch nicht einmal geboren war.

Adresse

Türkischer Friedhof, Columbiadamm 122, 10965 Berlin
Geöffnet täglich ab 9 Uhr bis Einbruch der Dämmerung.

Tor zum Gottesacker der Brüdergemeinde

10

Friedhöfe vor dem Halleschen Tor

Wo Tote gefeiert werden

Wer durch das unscheinbare Tor am Mehringdamm tritt, findet sich wieder in einer ganzen Welt von Friedhöfen. Die Friedhöfe vor dem Halleschen Tor gingen aus den folgenden Gräberanlagen hervor: Friedhöfe I, II, III der Gemeinde Jerusalem- und Neue Kirche, Friedhof I der Dreifaltigkeitsgemeinde, Friedhof der Bethlehems- oder Böhmischen Gemeinde und Friedhof der Brüdergemeinde. Sie sind damit das größte Ensemble, das in diesem Buch unter einem Namen subsumiert wird.

Die Begräbnisstätte wurde ab 1735 außerhalb der damaligen Stadtmauern angelegt, zunächst wohl als Armenfriedhof, denn wie die zum Friedhofskomplex gehörige Tafel besagt, hieß es damals, die Anlage existiere, »damit sonderlich die Armen ihre Leichen vor das Thor bringen können«. 1819 erfolgte eine Erweiterung der Anlage durch die Eröffnung des Friedhofs III der Gemeinde Jerusalem- und Neue Kirche. Auf diesem soll sich auch ein »Leichen- und Rettungsgebäude für Scheintodte« befunden haben, allerdings ist dergleichen nicht nachzuweisen.

Hitlers Architekt Albert Speer wollte diese Friedhöfe, wie alle innerstädtischen Grabfelder, seinen Plänen für eine neue Hauptstadt Germania opfern, die gleich nach dem gewonnenen Weltkrieg errichtet werden sollte. Wie bekannt, blieb dieser Sieg aus, Germania wurde folglich nicht gebaut. Dennoch ist aus diesen Planungen heraus bereits ein Bunker für die Zivilbevölkerung auf der Anlage errichtet worden.

Neben dem erwähnten Haupteingang am Mehringdamm gibt es einen weiteren Eingang an der Zossener Straße. Die Friedhöfe sind durch hohe Mauern umfasst. Im Umfeld der Baumaßnahmen für die nahe gelegene Amerika-Gedenkbibliothek in den fünfziger Jahren wurde die Blücherstraße verbreitert, dabei wurde ein Großsteil des Friedhofs der Brüdergemeinde, Glaubensflüchtlinge aus Tschechien, die in Preußen Zuflucht gefunden hatten, zerstört. Immerhin konnten einige der kostbarsten Relikte gerettet werden, indem man sie nach Neukölln brachte, um sie auf dem Böhmischen Gottesacker in Rixdorf zu verwahren. Das erhalten gebliebene Eingangstor, das am Rande des Friedhofsgeländes ein bisschen verloren steht, öffnet sich nun nur noch zu einer sehr kleinen Anzahl von Gräbern hin, danach folgt gleich die aus mit einer Öffnung versehenen Betonsteinen gebaute Mauer zur Blücherstraße.

Zum Ausgleich für den erlittenen Geländeverlust wurde allerdings der Friedhof III der Gemeinde Jerusalem- und Neue Kirche ein Stückchen erweitert und ab 1973 neu belegt. Die Mitte des 18. Jahrhunderts eröffnete Friedhofsanlage am Halleschen Tor ist somit der älteste Berliner Beerdigungsort, der noch immer benutzt wird.

Kommen wir noch einmal auf das »Leichen- und Rettungsgebäude für Scheintodte« zurück, dass es hier gegeben haben soll, es wird mehrfach in unterschiedlichen Schriften erwähnt. Vielleicht ist das Sprechen über seine Existenz ja nur die frühe Form einer *Urban Legend* gewesen, die viele Leute an etwas Derartiges glauben ließen – sodass sich das Gerücht irgendwann zur Tatsachenerzählung verfestigte. Aber die Idee dieses Hauses passt sehr gut zu den merkwürdigen Ritualen, die hier stadtfinden, und die – für einen Moment jedenfalls – die Toten unter uns sein lassen.

Kristine und ich gehen öfter auf diesen Friedhof, unser Büro liegt gleich um die Ecke und die Anlage wird von uns in Pausen zur Erholung genutzt. Auf einem unserer Spaziergänge trafen wir dabei einmal auf einen älteren Herrn, der sich offenkundig sehr gut auskannte, und der in Plauderlaune war. Er führte uns, die wir das Grab des legendären Fälschers und Berliner Originals Oskar Huth nicht fanden, zunächst zu diesem, um uns danach zu einem anderen Ort zu geleiten, dem Grab von Leopold Wölfling nämlich, das mit seinem in Berlin recht ungewöhnlichen eher katholisch daherkommenden Eisenkreuz nicht nur wie ein österreichisches Grab anmutet, sondern auch eines ist. Denn Leopold Wölfling wurde 1868 als Erzherzog Leopold Ferdinand von Österreich-Toskana geboren und stand sogar in der Thronfolge der Habsburgermonarchie, hätte also mit ein bisschen Glück ein Kaiser und König von Österreich-Ungarn werden können. Wurde er aber nicht. In seinen in den zwanziger Jahren erschienenen Memoiren »Habsburger unter sich. Freimütige Aufzeichnungen eines ehemaligen Erzherzogs« beschrieb er seinen Werdegang.

Das las sich so: »Mein Plan, Lebenserinnerungen zu veröffentlichen, konnte erst nach dem Tode Kaiser Franz Josephs I. und nach Beendigung des Weltkrieges zur Reife gelangen. Vorher standen einer restlos freimütigen Aussprache, die allein nur mein publizistisches Hervortreten rechtfertigt, unbesiegbare Hindernisse entgegen. Nun sind alle Mauern gefallen, mit denen sich allerhöchste Herrschaften zu umgeben gezwungen waren. Die Riesenkatastrophe des Weltkrieges hat so manchen, vorher übermächtigen Eigendünkel zerstört, und es ist an der Zeit, auch die Begriffe und Vorstellungen breiterer Volksmassen von unbegründeten Schwärmereien zu säubern. Trotzdem viele Fürstenkronen (nach dem Worte eines Revolutionärs) aufs Pflaster gerollt sind, zittert in dem Bewusstsein mancher Bevölkerungskreise die Ehrfurcht vor dem Gewesenen so unverdrängbar nach, dass sie die unverrückbare, nicht mehr rückgängig, zu machende Wandlung der Dinge geflissentlich übersehen. Ich halte es in so kritischen Zeiten für jedermanns Pflicht, alle Kräfte einzusetzen, die zur Klärung der Weltlage und zur Aufklärung der Menschheit dienen könnten. Bis ins gereifte Mannesalter lebte ich als österreichisch-ungarischer Erzherzog und als ältester Sohn des früheren Großherzogs von Toskana in höfischer Luft. Mit den mächtigsten Fürsten Europas, wie Kaiser Franz Joseph, Kaiser Wilhelm, König Eduard und anderen gekrönten Häuptern, verbanden mich entweder Blutsverwandtschaft oder gemeinsame Lebensatmosphäre. Bis zu meinem vierunddreißigsten Lebensjahre war ich Angehöriger einer ganz hochgestellten, völlig exklusiven Kaste. Ich habe eines Tages alle Würden der Geburt abgelegt, um in ein voraussetzungsloses. schlichtes Dasein unterzutauchen. Diese freiwillig vorgenommene Veränderung (...) lehrte mich Gegensätze dieser Welt an dem einzig gültigen Maßstabe der Menschlichkeit abzuschätzen. Gestern noch umschmeichelte, mit Ordenszeichen behangene kaiserliche Hoheit, heute und die nachfolgenden neunzehn Jahre nunmehr ein bürgerlicher Herr namens Wölfling, von den Bannerträgern der Dynastie wie ein Aussätziger gemieden. Im Umtausche der Existenzen lernte ich ermessen, was Äußerlichkeit, was Einbildung, was unbewusster oder künstliche gezeugter Wahn bei dieser erheblichen Inanspruchnahme von soviel Vorrechten war.«

Die »freiwillig vorgenommene Veränderung« von der Wölfling schreibt, war allerdings so freiwillig nicht. Vielmehr wurde er nach seiner Weigerung, die Verbindung zu der bürgerlichen Wilhelmine Adamovicz zu lösen, die als Prostituierte gearbeitet hatte, strafversetzt, er ist also im Grunde degradiert worden. Der Erzherzog floh daraufhin mit seiner Geliebten 1902 in die Schweiz, von dort aus schrieb er an den Kaiser, der ja qua Amt auch das Familienoberhaupt war: »Ich bitte Eure Majestät, meine Stellung und Rang als Erzherzog ablegen und den Namen Wölfling annehmen zu dürfen.« Der Kaiser – übrigens jener Franz Josef, der mit Sissi verheiratet war – entsprach dieser Bitte und verfügte eine finanzielle Versorgung des Abtrünnigen aus dem

Grab eines Erzherzogs

Familienversorgungsfonds des Hauses Habsburg-Lothringen. Bedingung für letztere allerdings war, dass das schwarze Schaf der Familie sich dauerhaft im Ausland aufhalte.

Einen Weltkrieg später war Wölfling verarmt, da der Familienversorgungsfonds enteignet wurde. Er kehrte nach Österreich zurück und versuchte sich als Lebensmittelhändler, machte jedoch nur Schulden. Die junge österreichische Republik lehnte es ab, ihn in irgendeiner Weise zu unterstützen, weswegen er in den früheren Besitztümern der Habsburger als Fremdenführer arbeitete. Aus dieser Zeit stammen auch seine Memoiren, die er 1921 höchstwahrscheinlich nur verfasste, um zu Geld zu kommen. Eine aktualisierte Fassung erschien 1930 in Übersetzung in London, 1935 kam dann noch das Erinnerungsbuch »Als ich ein Erzherzog war« heraus. Im selben Jahr verstarb er in Berlin. Er war 1933 hierhergezogen, gemeinsam mit seiner dritten Frau und hielt sich mithilfe von Gelegenheitsarbeiten über Wasser – zugleich aber schwärmte er für die Nationalsozialisten, von denen er sich wahrscheinlich eine Verbesserung seiner pekuniären Situation erhoffte. Doch er wurde nicht mehr gebraucht.

Österreichische Monarchisten pflegen bis heute das Grab.

Diese Geschichte erzählte uns der freundliche Herr und wir betrachteten mit ihm das Grab, das außerordentlich gut gepflegt war, obschon Wölflings wesentlich jüngere letzte Gemahlin seit 1978 verstorben ist. Dies anmerkend, wandte ich mich an den freundlichen Herrn. Dieser lachte – österreichische Monarchisten, so erzählte er, pflegten bis heute das Grab, einmal jährlich würden diese den Friedhof aufsuchen. »Da stehen sie dann vorm Grab und schütteln die Köpfe über das schwarze Schaf«, lachte der Mann. Wir lachten mit ihm.

Immerhin hatten die Monarchisten uns eine schöne Geschichte beschert. Eine andere Geschichte musste uns der Mann nicht erzählen, sie war uns bereits von unseren Friedhofsbesuchen her bekannt. Unweit vom Erzherzog a. D. ruht mit Ernst Theodor Amadeus Hoffmann (1776–1822), einer der bedeutendsten Schriftsteller des 19. Jahrhunderts und wahrscheinlich

Mausoleum

einer der besten phantastischen Schriftsteller der Weltliteratur. Außerdem betätigte er sich als Komponist, Kapellmeister, Musikkritiker und Karikaturist. Der Schriftsteller trug eigentlich die Vornamen Ernst Theodor Wilhelm, den selbsterwählten neuen dritten Vornamen Amadeus trug er, um seine Bewunderung für den Komponistenkollegen Mozart auszudrücken. Sein Grab ist allerdings korrekt mit E.T.W. Hoffmann beschriftet, die weltberühmte Kürzelfolge E.T.A. sucht man hier vergebens. Der Grabstein wurde Anfang des 20. Jahrhunderts erneuert, die Inschrift allerdings blieb wortgleich. Hoffmann war im Brotberuf Kammergerichtsrat, er wirkte, so lange er konnte, in jenem Kammergericht, das heute als Altbau Teil des Jüdischen Museums ist. Es ist das einzige noch heute erhaltene Gebäude, das Hoffmann genutzt hat.

Doch hier soll es weniger um Hoffmann gehen, als vielmehr um eine Leistung, die oft ihm zugesprochen wird, die jedoch sein Freund, der Schauspieler Ludwig Devrient zu verantworten hat (siehe das Kapitel über den Dorotheenstädtischen Friedhof). Zuvor muss man wissen, dass Hoffmann und Devrient schreckliche Trinker waren. Seit der Dichter am Gendarmenmarkt wohnte, wo sein Schauspielerfreund im Theater wirkte (an der Stelle des heutigen Konzerthauses) traf man sich an nahezu jedem Abend im Weinhaus Lutter & Wegner, wo man große Mengen an Schaumwein trank und gebildet und heiter vor sich hin parlierte. Bald hatte sich in diesem Etablissement eine Art Entourage um die beiden gebildet, die Besucherinnen und Besucher des Gasthauses hingen an den Lippen der großartigen Fabulierer.

Doch eines Abends fasste sich der Wirt ein Herz und ermahnte die beiden Zecher höflich, vielleicht auch einmal zu zahlen, die offene Rechnung sei immens. Empört verließen der Schauspieler und der Dichter das Lokal. Und sie kehrten von nun an andernorts ein. Mit ihnen blieb aber auch die Entourage aus. Daher musste sich der Wirt erneut ein Herz fassen, und die beiden im anderen Lokal aufsuchen. Dort bat er sie zurückzukehren, von den Schulden sollte keine Rede mehr sein. Hoffmann und Devrient zeigten sich gnädig – sie kehrten zurück. Als der von seinen Sauftouren erschöpfte E.T.A. Hoffmann im Alter von 46 Jahren

E.T.A. Hoffmann

nach schwerer Krankheit starb, hinterließ er bei Lutter & Wegner Schulden, die seinem Jahresgehalt als Kammergerichtsrat entsprachen.

Hoffmann und Devrient tranken bevorzugt Schaumwein, den man damals grundsätzlich Champagner nannte, ob er nun aus der Champagne stammte, wenigstens nach Art der Champagne hergestellt war, oder nicht. Hoffmann nun, so heißt es oft, sei derjenige gewesen, der dem Getränk den Namen Sekt gegeben habe, das Wort bezeichnete zuvor spanischen Wein, war allerdings nicht allzu verbreitet. Später sollte es kurzzeitig für Sherry stehen, nach dem englischen Wort Sack.

Doch es war Ludwig Devrient der, wohl eher unabsichtlich, das Wort mit dem Schaumwein zusammenbrachte. Im November 1825 soll er in seiner Stammwirtschaft seine Bestellung mit einem Zitat aus Shakespeares »Heinrich IV.« (in der Übersetzung von August Wilhelm Schlegel) aufgegeben haben: »Gib mir ein Glas Sekt, Schurke! – Ist keine Tugend mehr auf Erden?« Der Kellner brachte jedoch keinen Sherry, sondern, wie immer, Schaumwein, er kannte seine Stammtrinker. Das Gefolge Devrients beobachtete die Szene begeistert und trug das Wort weiter, bald orderte man in der ganzen preußischen Hauptstadt Sekt, erst um 1890 ergriff das Wort dann das ganze Land, 1925 wurde »Sekt« sogar offiziell und zu einem Teil des Verwaltungsvokabulars, nachdem die wirtschaftliche Nutzung des Wortes Champagner den deutschen Herstellern durch den Versailler Vertrag verboten worden war.

In jedem Jahr aber wird neuerdings am 24. Januar auf dem Friedhof Jerusalems und Neue Kirche III eine besondere Zeremonie gefeiert. Freunde des Hoffmannschen Schaffens versammeln sich am Grab und Feiern den Geburtstag des Phantasten. Eine solche Feier beschrieb Susanne Lenz in der Berliner Zeitung unter der Überschrift »Party für einen toten Dichter« so: »›Und jetzt bleibt noch die Libation‹, sagt er, das Trankopfer. Alle heben die Gläser. ›In Hoffmanno‹, rufen sie, nehmen einen Schluck und gießen den Rest des Weins aufs Grab. Später schiebt jemand eine leere Flasche zwischen das Immergrün, das die Grabstätte bedeckt.« Es ist nicht immer Schaumwein, der hier vergossen wird,

Susanne Lenz etwa wohnte einer Rotwein-Opferung bei. Doch oft ist es inzwischen ein Sekt der wiedergegründeten Marke Lutter & Wegner.

Wolfgang Müller – der Schriftsteller, Künstler und Musiker begründete unter anderem das bis heute unsterbliche, doch längst verstorbene Kunst- und Musikprojekt Die Tödliche Doris – führte übrigens bei seinem »Schöneberger Elfenrundgang« gegen Ende der neunziger Jahre, mit dem er sich respektvoll den Religionen nähern und auch die nordische Verehrung der Elfen ernst nehmen wollte, zum Grabe Hoffmanns. Hier, so meinte er, der von sich selbst sagt, er habe noch nie eine Elfe gesehen, wäre es wahrscheinlich, dass sich Elfen aufhielten, war Hoffmann doch ein begnadeter Imaginierer. Und es kam, so Müller, wie es kommen musste – einige seiner Begleiterinnen und Begleiter vermeinten Elfen zu sehen. Insofern wirkt die Kraft von Hoffmanns Phantasie offenkundig bis heute ungebrochen.

Einige vermeinten hier Elfen zu sehen.

Auf den Friedhöfen vor dem Halleschen Tor liegen viele Dichter, nahe bei Hoffmann etwa der Autor Reinhard Lettau (1929–1996), die Schriftstellerin und Saloniere Rahel Varnhagen von Ense (1771–1833), der naive Maler, Bildhauer und Schriftsteller Kurt Mühlenhaupt (1921–2006), der seinen Grabstein wie auch die für seine Geschwister, mit denen er ein Grab teilt, selbst gestaltete, der Humorist Adolf Glaßbrenner (1810–1876) die Literatin Henriette Herz (1764–1847) und nicht zuletzt der Dichter Johannes Schenk (1941–2006), dessen außerordentlich gepflegtes und bepflanztes Grab zeigt, dass er noch immer sehr geliebt und vermisst wird.

Doch wohl niemand auf diesem Friedhof ist weltweit so bekannt wie die Nachfahren des weisen Moses Mendelssohn, etwa der Komponist und Dirigent Felix Mendelssohn Bartholdy (1809–1847), den Richard Wagner, der von dessen Kompositionen stark beeinflusst wurde, drei Jahre nach Mendelssohn Bartholdys Tod mit seiner antisemitischen Schrift »Das Judentum in der Musik« der völkischen Hetze preisgab. Felix Mendelssohn Bartholdy selbst war übrigens Christ.

Fanny Cäcilie Mendelssohn Bartholdy (1809–1847), besser bekannt als Fanny Hensel, ist hier ebenfalls bestattet. Anders als ihr Bruder Felix durfte sie nicht als Komponistin und Pianistin ins Rampenlicht treten, da ihr Vater ihr beschied: »Die Musik wird für ihn vielleicht Beruf, während sie für Dich stets nur Zierde, niemals Grundbass Deines Seins und Tuns werden kann und soll.« Erst später trat sie auf, unter großem Beifall, doch sie erntete auch Befremden, da sie als Frau tat, was nur dem Mann vorbehalten sein sollte. Längst nicht alle ihrer rund 450 erhaltenen Kompositionen, von denen einige zu ihren Lebzeiten als Kompositionen ihres Bruders Felix veröffentlicht wurden, sind erschlossen, erst weit über hundert Jahre nach ihrem Tod begann die Öffentlichkeit damit, sich ihrem Werk zuzuwenden. Fanny und Felix liegen heute im Familiengrab vereint.

Seit 2013 erinnert die Berliner Mendelssohn-Gesellschaft in der 1881 errichteten Trauerkapelle auf dem Dreifaltigkeitsfriedhof I mit einer Dauerausstellung an die Geschichte der berühmten Familie, denn immerhin sind achtundzwanzig ihrer Mitglieder auf dieser Anlage beigesetzt. Beim Familiengrab der Mendelssohns sieht man immer wieder kleine Steine, die auf die Grabsteine und Grabkreuze gelegt worden sind, auch auf anderen Gräbern findet man seit einigen Jahren häufig solche Steine.

Das Ritual kommt aus der jüdischen Tradition. Gabriel Miller, ein Rabbiner aus Frankfurt, beantwortet in seiner Kolumne »Frag' den Rabbi« auf der jüdischen Website hagalil.com viele religiöse Fragen. Die Steine erklärt er so: »Es ist eine alte Sitte,

Rest des Friedhofs der Brüdergemeinde

am ›Jahrzeit‹ (am wiederholten Todestag) einer nahestehenden Person die Grabstätte zu besuchen. Vor dem Verlassen der Stätte ist es üblich, einen kleinen Stein auf den Grabstein zu legen. Der Ursprung dieser Sitte ist nicht genau festzustellen. Es gibt hierfür jedoch einige Erklärungen, die sich alle plausibel anhören. Im

Ruhegemeinschaft

Talmud wird der Brauch erwähnt, auf den Grabstein etwas Erde zu legen, was vielleicht als ein Wunsch gedeutet werden könnte, damit die Sünden des Verstorbenen zu sühnen. Der Glaube an die Sühne wird abgeleitet von der biblischen Stelle ›und entsühnt die Erde seines Volkes‹ (5. Buch Moses 32, 43). Nach einem alten Responsum pflegte man etwas Erde oder Gras auf den Grabstein zu legen, um zu zeigen, dass das Grab aufgesucht wurde, womit dem Toten eine Ehre erwiesen wurde. Der Oberrabbiner Israels Metzger meint, dass ursprünglich der Stein auf die Erde gelegt wurde, damit der Wind diese nicht wegwehen könnte. Daraus soll sich dann der Brauch zum Hinterlegen eines Steines entwickelt haben. Es gibt noch mehr Erklärungen, es herrscht jedoch die einhellige Meinung, dass mit dem Legen des Steines der Tote geehrt wird.«

Es ist offenkundig inzwischen zu einer Mode geworden, dieses jüdische Ritual auch als Nichtjude anzuwenden. Es zeugt wohl von dem etwas unbeholfenen Versuch, zu zeigen, dass man an jemanden denkt, dass jemand unvergessen ist. Doch zugleich soll es auch bezeugen, dass man hier war, es gilt auch der Selbstvergewisserung. Wahrscheinlich begründet sich diese neue konfessionsübergreifende Mode aus dem schlechten Gewissen derer, die Täterkinder oder -enkel sind, die dergleichen auf jüdischen Friedhöfen sahen und es nun imitieren. Das imitieren wiederum andere – inzwischen ganz ohne Kenntnis des religiösen Hintergrunds.

Auch mit dem Hinterlassen von Steinchen also will man die Toten ehren – und selbst dagewesen sein. Die Absicht ist verständlich, doch scheint mir das Ritual falsch, denn es ist aus falschen Gründen entstanden.

Die Toten aber, ob sie nun auf den Friedhöfen am Halleschen Tor oder andernorts liegen, rührt es nicht an. Sie sind umschwebt von Elfen, bekommen einmal im Jahr ihren Durst gestillt oder werden weiterhin als Mitglied einer untergegangenen Monarchie geehrt, die sie eigentlich verstoßen wollte. Was will man mehr?

Adresse

Friedhöfe vor dem Halleschen Tor, Mehringdamm 22,
10961 Berlin
Geöffnet Januar und Dezember täglich 8 bis 16 Uhr, Februar und November täglich 8 bis 17 Uhr, März und Oktober täglich 8 bis 18 Uhr, April und September täglich 8 bis 19 Uhr, Mai bis August täglich 8 bis 20 Uhr

Anonyme Gräber

11

Friedhöfe an der Hermannstraße

Wo die Arbeit am Tod sichtbar ist

Die Hermannstraße ist heute eine sehr geschäftige Straße. Sie liegt im berüchtigten Teil Neuköllns, hier sehen Filmemacher und Lokalreporter fiese Banden und verbrecherische Clans am Werke, Politiker dagegen fürchten darum, dass hier die deutsche Bratwurst ausstirbt. Davon ahnt man auf den Straßen nicht viel, die Menschen hetzen wie überall von Bäckerei zum Supermarkt oder essen in einem der unzähligen Restaurants und strecken die Beine aus.

Früher war das ein edler Teil des damals noch Rixdorf genannten Städtchens, das sich erst kurz vor seiner Eingliederung nach Groß-Berlin in Neukölln umbenannte. Die Friedhöfe an der Hermannstraße erzählen noch vom einstigen Reichtum dieser Gegend. Es sind fünf nahe beieinanderliegende Grabstätten, bestehend aus den beiden Friedhöfen St. Thomas (deren einer allerdings inzwischen aufgelassen ist), dem Neuen Luisenstädtischen Friedhof, dem Friedhof Jerusalem V, dem Alten St. Michael-Friedhof und dem Neuen Friedhof St. Jacobi. Der Friedhof Emmaus, zwar zur gleichen Verwaltungseinheit wie vier der fünf Begräbnisstätten gehörend, doch jenseits der S-Bahn an der A 100 gelegen, soll hier aufgrund seiner abseitigen Lage einmal beiseitegelassen werden.

Die fünf anderen Friedhöfe sind ab 1865 angelegt worden, der alte evangelische Thomasfriedhof, sowie der evangelische Luisenstädtische und der katholische St. Michael-Friedhof liegen nebeneinander, sie sind inzwischen nicht mehr vollständig durch Mauern voneinander separiert. Der neue, heute aufgelassene

Thomasfriedhof liegt, nur durch die Hermannstraße getrennt, dem alten gegenüber, der Friedhof Jerusalem V befindet sich neben dem neuen Thomasfriedhof, der Neue Friedhof St. Jacobi ist von den anderen Friedhöfen durch die Warthestraße und ein bisschen Bebauung getrennt.

Sie vereinen in sich das Allermeiste des bisher Beschriebenen – hier lässt sich gewissermaßen die Summe des Berliner Friedhofdaseins ziehen. Auch hier gibt es große aus Granit und Marmor gefertigte Grabmale von Familienpatriarchen, die sich mit noch mehr Bildhauerei, noch schöneren Statuen und noch ewigeren Glaubensbekenntnissen unvergesslich machen wollten – ihre Denkmale zumindest sind oft erhalten geblieben, die Tafeln aber, auf denen ihre Namen verkündet wurden, nicht. Auch hier gab und gibt es eine üppige Vegetation, die Teile der Friedhöfe zu übernehmen droht. Der neue Friedhof St. Jacobi etwa überrascht und begeistert in jedem Frühjahr mit einem »Krokusteppich«, wie der nahebei wohnende Dichter Leonhard Lorek berichtet. Auch hier gibt es große, einheitlich gestaltete Grabfelder für die im Zweiten Weltkrieg verstorbenen Zivilisten. Auch hier gibt es Kriegerdenkmale. Auch hier gibt es große grüne Grabfelder, auf denen eine anonyme Bestattung möglich ist – kein Namensschildchen, keine Blume erinnert dabei an die Verstorbenen. Auch gibt es hier die Eichhörnchen, die die Friedhofsruhe für sich nutzen und die seltene Störung durch Menschen empört zur Kenntnis nehmen. Auch gibt es hier die Zulassung neuer Grabformen beziehungsweise neuer Religionen. Und selbstverständlich ruhen hier auch prominente Leichname in der Erde.

Zwei von ihnen sollen porträtiert sein. Der eine ist das von aller Welt »Krücke« genannte Radrennfahrergroupie Reinhold Franz Habisch (1889–1964). Er ist das, was man lange Zeit ein Berliner Original nannte – ähnlich wie der oben nicht ausgiebig genug behandelte Oskar Huth – und hat wie dieser allein daher ein Ehrengrab des Landes Berlin erhalten. Habisch selbst hatte sportliche Ambitionen, verlor jedoch als junger Mann infolge eines Unfalles ein Bein, als er bei regennasser Straße unter eine Straßenbahn geriet. Daher wurde er nur zuschauender Stammgast beim berühmten Sechstagerennen, in welchem sich Radrennfahrer maßen. Eine Veranstaltung von internationalem Ruf. Im Schöneberger Sportpalast erarbeitete sich das Zweierteam Richard Huschke und Franz Krupkat im Jahr 1924 den bis heute gültigen Weltrekord von 4.544,2 Kilometern, eine imposante Leistung auf einer Hallenbahn. Der gehandicapte Habisch kommentierte die überaus beliebte Sportveranstaltung jahrelang von den billigen Plätzen aus, das verschaffte ihm schnell stadtweite Bekanntheit.

Im Jahr 1923 wurde erstmals der »Sportpalastwalzer« aufgeführt, von Siegfried Translateur ursprünglich als »Wiener Praterleben« komponiert. »Krücke« pfiff dabei immer wieder auf zwei Fingern die dritte Sequenz mit, in spätere Aufnahmen der Komposition wurde der Effekt bereits mit eingebaut. In dieser Version ist das Stück bis heute bekannt, ohne Pfiffe kennt man es nicht mehr.

Habisch, der eigentlich einen Zigarrenladen betrieb, wurde zu einer Attraktion des Rennens, man lud ihn später sogar zu anderen Radrennen in ganz Deutschland ein, damit er während der Aufführung des Sportpalastwalzers ins Mikrofon pfiff. Den Laden übrigens finanzierte ihm der Boxweltmeister Max Schmeling, dem »Krücke« die große Karriere vorhergesagt hatte, aus Dankbarkeit. Der Schriftsteller Rudolf Lorenzen setzte Habisch in seinem Film über den Sportpalast ein Denkmal.

Die andere Prominente auf den Friedhöfen an der Hermannstraße ist Anita Berber. Die 1899 geborene »höhere Tochter« war ein Scheidungskind, ihre Mutter schlug sich nach der Trennung von ihrem Gatten als Chansoneuse durch. Die im Kapitel über den Künstlerfriedhof Friedenau bereits vorgestellte Autorin Dinah Nelken, die mit Berber befreundet war, schrieb: »Sie war ganz unschuldig und reizend. (...) Bei aller Vorliebe für Flirts hatte sie einen unglaublichen Liebreiz, ohne ordinär zu wirken.« Eher knabenhaft gebaut, wie es damals hieß, setzte sie bald Modetrends, so trug sie etwa einen Smoking und ein Monokel. Die mondänen Berlinerinnen imitierten sie in den Jahren nach dem Ersten Weltkrieg, sie gingen, wie es damals hieß, »à la Berber«.

Berber scherte sich nicht um ihre Zukunft, pflegte auch ihr Image als Stilikone nicht. Otto Dix etwa malte sie als verfallene Dame in rotem Kleid, es ist eines seiner berühmtesten Bilder. Seine Frau Martha berichtete: »Jemand sprach sie an, und sie sagte ›200 Mark.‹ Ich fand das gar nicht so furchtbar. Irgendwie musste sie ja Geld verdienen.« Nun tanzte sie oft fast unbekleidet oder gleich ganz nackt, ihre Auftritte wurden als Skandale inszeniert. Ihre Show »Tänze des Lasters, des Grauens und der Ekstase« mit ihrem zweiten Ehemann Sebastian Droste, die 1923 ihre Premiere erlebte, entsetzte die sittentreuen Mitmenschen.

Berber war zu diesem Zeitpunkt bereits kokainabhängig: »Ich bin verkommen. Ich schnupfe Kokain. Ich habe schon entzündete Nasenflügel davon.« Das hielt sie nicht davon ab, weiter die Droge zu konsumieren. Und sie kümmerte sich in einer Hinsicht dann doch um ihr Image – indem sie Skandale erzeugte. »Seid ruhig, ich schlafe ja doch mit jedem von euch!«, ließ sie sich etwa zitieren. Es waren allerdings vor allem Frauen, die sie interessierten. Zwei ihrer drei Gatten waren schwul.

Für die Yellow Press war sie, die auch in diversen Stummfilmen mitspielte, ein gefundenes Fressen. Man unterschätzte jedoch ihre Arbeit und ihren Arbeitswillen im Ausdruckstanz, in dem sie Maßstäbe setze. Anita Berber tourte durch Europa, dann durch den Nahen Osten, die Drogensucht und die Anstrengung des Reisens aber nahmen sie dermaßen mit, dass sie bald an einer

Anonymes Grabfeld

Tuberkulose erkrankte, der sie 1928 erlag. Nach Berlin hatte sie nur zurückkehren können, da Freundinnen und Freunde ihr und ihrem dritten Mann die Heimreise finanzierten.

Sie ist auf dem neuen Friedhof St. Thomas beerdigt, ihr Grab wurde aufgelassen, wie alle dort befindlichen Gräber, übrigens erst vor wenigen Jahren. Ich kenne den Friedhof noch mit Grabmalen, er war ziemlich verwildert, in den hinteren Teil, in der Nähe des damaligen Flughafens, warfen Anwohnerinnen und Anwohner einfach ihren Hausmüll hinein.

Doch Anita Berber wurde größere Ehre zuteil als ein Ehrengrab. Denn der neue Friedhof St. Thomas ist seit 2017 ein Park. Zunächst wurde über eine Bebauung diskutiert, doch die Anwohner wehrten sich. Die daraufhin beschlossene Parkanlage trägt nun ihren Namen. Statt eines Grabmales, auf dem man ein

Alevitisches Grabfeld

paar Blumen ablegen kann, hat die Künstlerin einen ganzen ehemaligen Friedhof bekommen.

Da der Park in unmittelbarer Nähe des Tempelhofer Feldes liegt, flanieren viele Partysüchtige über die Anlage, die nach einer anstrengenden Tanznacht neben dem ehemaligen Rollfeld chillen wollen. Als ich hindurchfahre, küssen sich zwei Männer, andere spielen mit Hunden, dritte trinken auf einer Bank. Man darf annehmen, dass Anita Berber das alles sehr gefallen hätte.

In den noch aktiven Teilen der Friedhöfe fällt auf, dass sich eine religiöse Verschiebung ergeben hat. Die Trauerkapelle auf Jerusalem V, die zur vorletzten Jahrhundertwende fertig gestellt wurde, dient heute der bulgarisch-orthodoxen Kirche Heiliger Zar Boris der Täufer als Gotteshaus. Neben der umgewidmeten Kirche findet man die typischen orthodoxen Holzkreuze, die die

Bulgarisch-orthodoxes Grabfeld

Grabstätten kennzeichnen, die kyrillische Schrift nimmt viel Raum ein – doch auch in lateinischer Schrift werden Gräber von orthodoxen Bulgaren gekennzeichnet.

Auf dem alten Thomasfriedhof wiederum sind seit 2016 rund 3.000 Quadratmeter für Aleviten vorbehalten, für die circa 70.000 in Berlin lebenden Mitglieder dieser Glaubensgemeinschaft hat man bislang jedoch nur rund 500 Grabstellen vorgesehen. Da ist eine Neuausschreibung von Grabflächen wohl bald vonnöten.

Ob Aleviten übrigens noch dem Islam angehören oder bereits eine selbstständige Glaubensrichtung darstellen, ist selbst unter den Gläubigen umstritten, viele islamische Riten gelten nicht für sie, ihre Gräber etwa sind nicht nach Mekka hin ausgerichtet. So oder so werden sie, die zumeist in der Türkei leben oder aus der Türkei stammen, dort zusehends attackiert und suchen eine neue

Heimat. Daher bedeutet es viel, dass die Glaubensgemeinschaft in Deutschland zumindest in der Erde einen Sammelpunkt hat. Ob dies aber, wie Kadir Sahin, Generalsekretär der Alevitischen Gemeinde zu Berlin, bei der Eröffnung annahm, eine Signalwirkung in die Türkei haben wird, sei dahingestellt.

Beide, die bulgarisch-orthodoxe ebenso wie die alevitische Grabstätte übrigens finden sich an den jeweiligen Friedhofseingängen prominent angezeigt. Das wäre vor wenigen Jahren sicher noch nicht der Fall gewesen. Vielleicht hat der aufgelassene Friedhof in der Nachbarschaft, der nun zudem ein nach einer »unmoralischen Person« benannter Park ist, eine gewisse Panik erzeugt unter den Friedhofsverwaltern. Es geht schließlich noch – nein, immer – um die Hoffnung auf Ewigkeit. Dieser soll die Grabstätte dienen, was sie nur kann, wenn sie als solche erhalten bleibt.

Gräber aus anderen Religionen finden sich auch etwa auf dem katholischen Alten St. Michael-Friedhof – hier scheinen es vor allem bosnische Muslime zu sein, die ihren Liebsten, nicht selten früh verstorbenen Kindern, große Grabmale widmen. Granitgräber, die die alten, langsam verfallenden großen Grabmonumente des gründerzeitlichen Bürgertums baulich sehr gut ergänzen.

Eine Beerdigung bedeutet eine Menge Arbeit. Nicht nur Papierkram, auch viel praktische Arbeit. Jemand muss einen Sarg zimmern oder eine Urne anfertigen. Jemand muss den Leichnam zurechtmachen. Jemand muss ein Loch ausheben. Jemand muss den Sarg zum Loch transportieren und ihn hinablassen. Jemand muss das Loch zuschaufeln. Jemand muss das Grab bepflanzen. Jemand muss einen Stein hauen. Oder ein Kreuz schnitzen. Jemand muss den Stein oder das Kreuz aufstellen. Jemand muss die Wege instandhalten. Jemand muss sich darum kümmern, wenn ein Grab einstürzt. Jemand muss das Grab auflösen, wenn die Liegezeit abgelaufen ist.

In der Nazizeit wurden diese Arbeiten auf den Friedhöfen an der Hermannstraße – den evangelischen – von so genannten Zwangsarbeitern versehen, Zivilisten aus der Ukraine, die die Wehrmacht nach Deutschland verschleppte, um sie dort unter unwürdigen Bedingungen zu versklaven. Über hundert, teilweise noch minderjährige Menschen schufteten hier zwischen 1942 und 1945, zuletzt lebten sie in einer Baracke auf dem Friedhof Jerusalem V. Die Fundamente sind inzwischen sorgsam freigelegt und gesichert worden, es wird darüber nachgedacht, dort eine Gedenkstätte zu errichten. Auf dem alten St. Thomas Friedhof hat man bereits eine provisorische Gedenkstätte in einem ehemaligen Blumenpavillon errichtet, dort werden die Schicksale einzelner Zwangsarbeiter erzählt. Auch ein Gedenkstein weist dort auf die Schuld hin. Zu dieser Schuld bekannte sich die Kirche erst im Jahr 2000. Seither hat man auch den Kontakt zu Überlebenden des Lagers gesucht und Entschädigungsleistungen angeboten. Auch wurden immer wieder ehemalige Zwangsarbeiter eingeladen, um von ihrem Leid zu erzählen. So lässt sich die Geschichte des Lagers inzwischen einigermaßen rekonstruieren.

Der Initiator des Lagers und Finanzbevollmächtigte der Jerusalems- und Neuen Kirchengemeinde, Dr. Walter Kinkel, wusste genau, was er tat, als er das Lager anlegen ließ. Er befahl, es solle »das Ansehen des Friedhofs und seine Würde in keiner Weise beeinträchtigt werden (Aufstellung an der Grenze des Friedhofs und dunkelgrüner Anstrich)«. Die »Ostarbeiter«, wie die Nationalsozialisten ihre Sklaven nannten, waren in den Augen der »Arier« nämlich »slawische Untermenschen«, dass sie auf den deutschen Begräbnisstätten schufteten, sollte der Mehrheitsbevölkerung verborgen bleiben. Bevor das Lager direkt auf dem Friedhof angelegt wurde, befand sich eine Wohnbaracke für die Sklavenarbeiter am Rande des Thomasfriedhofes. Diese erste Baracke, in der jedem Menschen weniger als vier Quadratmeter

Raum zustanden, wurde im April 1944 durch einen Bombentreffer zerstört.

Der ehemalige Zwangsarbeiter Wassilij T. Kudrenko erzählte: »Wir suchten bei den Angriffen dort Schutz, wo der Alarm uns überraschte: zwischen den Särgen, in der Kanalisation, in Rohren. Nachts gingen wir in den U-Bahnhof.«

Doch das Bombardement fügte ihnen auch auf andere Weise Schaden zu, wie Kudrenko berichtete: »Die schweren Bomben fielen auf den Friedhof und schleuderten die zuvor Begrabenen wieder empor … Leichenteile, Eingeweide – alles auf dem Baum – schrecklich! Es war ein Horror. Wir ›Ostarbeiter‹ legten sie in die Gräber zurück. Aber nicht jeder konnte das ertragen, psychisch aushalten.« Selbstverständlich war auch die Versorgungslage alles andere als gut. Der ehemalige Zwangsarbeiter Gavril Tkalitsch schilderte seine Lage so: »Das Essen war so schlecht, dass ich mich bald nur noch mit großer Mühe bewegte. Ich fiel oft auf die Knie.«

Max von Bahrfeldt, seit 1943 in der Kirche für das Lager zuständig, rührte das Leiden der Zwangsarbeiter nicht an. Wenn ein Arbeiter nicht mehr arbeitsfähig war, bat er die Behörden einfach darum, diesen zu entfernen, und neue Arbeitskräfte herbeizuordern. Jürgen Rambaum hat im Auftrag des Landeskirchlichen Archivs den Lebensweg des preußischen Finanzbeamten und Verwaltungsjuristen erforscht. Die Ergebnisse sind bitter. In Bahrfeldts »Abschlussbericht 1944/45 über das Lager für ausländische Friedhofsarbeiter der Ev. Jerusalems- und Neuen Kirchengemeinde Berlin«, den er vier Monate nach der Befreiung des Lagers durch die Rote Armee vorlegte, steht lapidar: »Die wirtschaftlichen Verhältnisse des Lagers hatten sich im Jahre 1944 durchaus günstig gestaltet und entsprechend den Erwartungen entwickelt.« Der Christenmensch schien zu bedauern, dass er das Lager nicht weiterführen durfte. Selbstredend wurde er bis zu seinem Tod im Jahr 1964 juristisch nicht belangt, auch dachte die Kirche gar nicht daran, ihn aus der Kirchenleitung zu entfernen.

Auf den Friedhöfen an der Hermannstraße lässt sich, wie gesagt, nahezu alles finden, was die Berliner Grabstätten heute ausmacht, im Guten wie im Bösen. Das Leben und der Tod stehen auch überindividuell oft nahe beieinander, es braucht viel Leben, um das Nachleben der Toten so zu verwalten, wie wir es für angemessen halten.

Manchmal aber, so sieht man hier, kosten die Toten die Lebenden einfach zu viel Kraft. Dann ist zu fragen, welche Prioritäten zu setzen sind. Ich persönlich ziehe eindeutig die Lebenden vor. Denn bekanntlich sind die Toten für die Lebenden da – um sie zu betrauern, um sich seiner Herkunft zu versichern. Beherrschen dürfen uns die Toten nicht. Das sind sie nicht wert.

Adresse

Friedhöfe an der Hermannstraße, Hermannstraße 79–90, 99–105, 179–195, 12049/12051 Berlin

Theodor Reichmann
18. III. 1849 – 22. V. 1903.
man die Götter empfängt,
so begrüßte Jeder mit Andacht,
der Genius ihm,
und redend, erschuf
der Gluth des Gesangs
des Hörers Gefühle,
An des Hörers Gefühl
nährte der Sänger die Gluth.

Grabfigur

Was fehlt

Dies ist das letzte Kapitel dieses Buches. Es ist noch nicht alles gesagt, werden viele Leserinnen und Leser finden, und ja, das stimmt auch.

Sicher fehlt manche wichtige oder skurrile Information zu einer der vorgestellten Gräberanlagen oder zu den Friedhofseinrichtungen.

Viele teilweise bedeutende unter den über 220 Friedhöfen in Berlin wurden nicht mal am Rande erwähnt: Etwa der Friedhof Grunewald-Forst, der auch Selbstmörderfriedhof genannt wird. Oder der Sozialistenfriedhof auf dem Zentralfriedhof Friedrichsfelde, zu dem in jedem Januar zum Jahrestag der Ermordung von Karl Liebknecht und Rosa Luxemburg ein großer Demonstrationszug zieht.

Es fehlt der Friedhof der Märzgefallenen im Volkspark Friedrichshain, auf dem die Toten der Märzrevolution von 1848 liegen, es fehlt die Hohenzollerngruft im Berliner Dom, Grabstätten in Kirchen fehlen generell, der Waldfriedhof Zehlendorf und der Friedhof Heerstraße fehlen und nicht zuletzt fehlt auch der Friedhof in Stahnsdorf (Brandenburg), der mit über zweihundert Hektar einer der größten Friedhöfe Deutschlands ist und der eigentlich die Berliner Grabstätten entlasten sollte; von 1913 bis 1961 verfügte er über einen eigenen S-Bahnanschluss, die so genannte Witwenbahn, an die sogar spezielle Sargwagen angehängt werden konnten.

Auch fehlt bislang das Lob für Organisationen wie die Interessengemeinschaft Historische Friedhöfe, die sich verdienstvoll um den Erhalt der Ensembles und ebenso von künstlerisch wertvollen Grabstellen einsetzen.

Es fehlt der Verweis auf den von deutschen Friedhofsgärtnerinnen und -gärtnern initiierte Tag des Friedhofs, der jedes Jahr im September auch in der Hauptstadt begangen wird.

Es fehlen all die vor vielen Jahrhunderten aufgelassenen Friedhöfe, etwa der Friedhof auf dem Petriplatz, den man zu Füßen der Fundamente der früheren Petrikirche fand und auf dem Jahrhunderte lang beerdigt wurde. Ein Parkplatz hat die Gräber bislang verdeckt, nun wird er bald überbaut.

Überbaut werden sollen wohl außerdem der Friedhof St. Johannes Evangelist in Wedding sowie der Dreifaltigkeitskirchhof III in Mariendorf, auf dem sich neben Kriegsgräbern auch das Grab von Ulrike Meinhof befindet.

Es fehlen vor allen Dingen jene, deren Gräber eingeebnet und neubelegt wurden und deren Namen nicht mehr bekannt sind. Exhumierte fehlen. Tote, die in Krankhäusern als Ausstellungsobjekte dienen. Es fehlen alle, von denen wir nicht mehr wissen, wer sie waren, wann sie waren, ob sie waren.

Mein Vater starb plötzlich, bald nachdem ich dem Verlag dieses Buch zugesagt hatte. Er fehlt besonders.

Denn es fehlen alle, die fehlen.

1 Dorotheenstädtischer Friedhof
2 Künstlerfriedhof Friedenau
3 Invalidenfriedhof
4 Sowjetisches Ehrenmal am Treptower Park
5 Friedhöfe an der Bergmannstraße
6 Urnenfriedhof Gerichtstraße
7 Frauenfriedhof
8 Jüdischer Friedhof Weißensee
9 Türkischer Friedhof Columbiadamm
10 Friedhöfe vor dem Halleschen Tor
11 Friedhöfe an der Hermannstraße

Über den Autor

© Nane Diehl

Jörg Sundermeier, geboren 1970 in Gütersloh, ist Verleger des 1995 gegründeten Verbrecher Verlags und Autor für diverse Zeitungen und Magazine, u. a. für die tageszeitung, die Berliner Zeitung und Jungle World. Als Verleger wurde er 2014 mit dem Kurt-Wolff-Preis ausgezeichnet. Er ist Herausgeber und Autor zahlreicher Bücher. Seit 2015 ist Sundermeier Mitglied im Vorstand der Kurt Wolff Stiftung zur Förderung einer vielfältigen Verlags- und Literaturszene. Zuletzt erschien von ihm im be.bra verlag »Die Sonnenallee«.